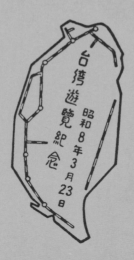

台灣遊覽紀念

昭和8年3月23日

7.4.30

基隆驛

12.6.30

八堵驛

11.10.1

汐止驛

板橋驛

12.6.14

桃園驛

14.1.2

7.4.7

新竹驛

7.3.28

竹南驛

7.9.6

三水驛

苗栗驛

11.10.7

嘉義

10.10.12

8.10.12

後壁驛

南天影像系列

台灣鐵道印象

上

台灣鐵道印象
CLASSIC TAIWAN RAILWAYS

上

鐵道歷史 ✦ 鐵道車輛

洪致文 ● 著
Chih-Wen Hung

台北 南天書局 出版

台灣鳥瞰圖(西岸)，台灣總督府交通局鐵道部編纂，Eikow作，昭和 4 年(1929)

【上冊目次】

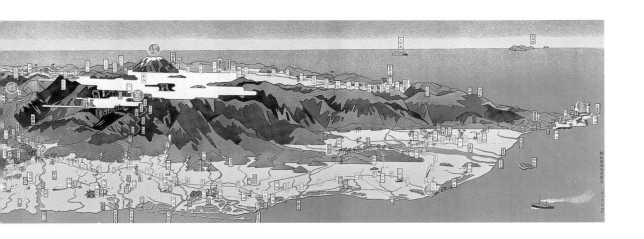

【下册目次】

❖鐵道建築篇❖

台灣鐵道線路圖，大正十年(1921)，右圖

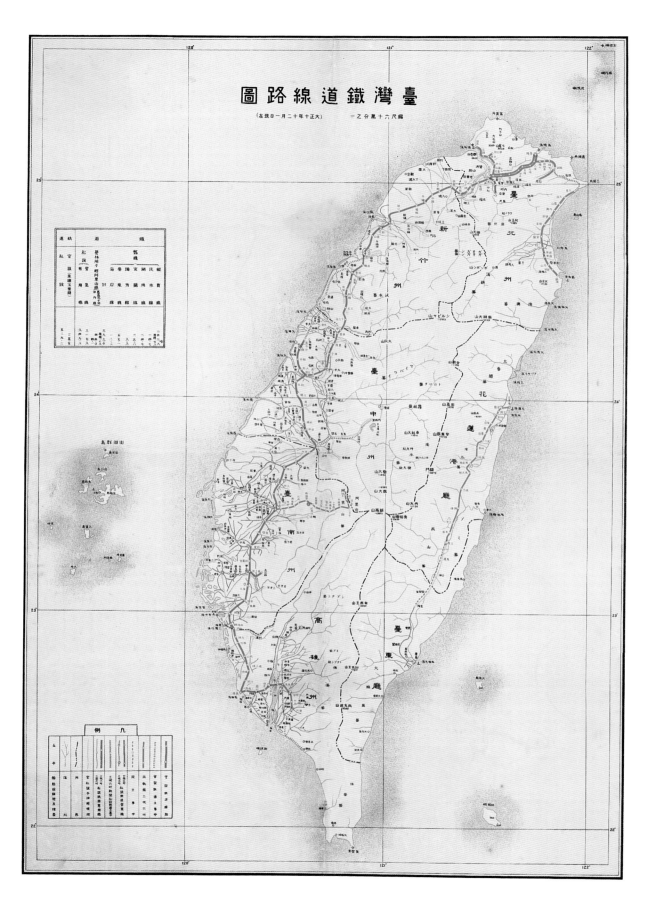

臺灣鐵道線路圖

（大正十二年一月一日現在）　編尺六十萬分之一

序

這幾年，台灣的變化實在是太大了。

我有這樣的感覺，是從民國七十七年淡水線的停駛開始。在那之後，我開始懷疑為什麼一條這麼熟悉的鐵路，就這樣從我的身邊消失？我的好友高橋晴路先生說：「鐵道迷有追逐即將消失東西的癖好。」我想，這樣的說法一點也沒錯；因為，鐵道迷的身邊，一天到晚有他們最喜歡、最瘋迷的事物突然就不見、被毀了。台灣是這樣，日本是這樣，其他的國家也是一樣。但是，先進的國家，會有博物館、民俗村、甚至文化資產指定來保護這些消失事物的少數幸運者；但在我們台灣，是完全的毀滅、完全的終結。曾有台灣史學研究者指出，台灣近代的這一百年，前五十年的異族統治，是做了很多長遠的規劃與建設；但後五十年做的事，就是去拆、去毀那前五十年所做的事物。很不幸的，鐵道就是在被毀的範圍之中。

一九九五年的三月，台鐵把造於一九〇四年，已有九十歲高齡的瞭望車以極其土匪的作法將其拆除解體，使我對台灣鐵路管理局完全失望。因為，這是一個完全沒有文化觀念的單位，他過去縱使有一點文化保存的作為，都是迫於外界的因素，不得不表態一下的結果。

在今天，也許只有致力於鐵道研究，替這些無可避免要消失的鐵道事物做一個完整的歷史記錄，是我唯一能做的，而且是最無奈的選擇。

這本書的寫作時程，從第一篇文章的一九九一年開始，到最後一個字的寫完，已是一九九六年的事。它共花了我五年多的時間來撰寫，其間我從大學畢業，也服完了兩年的兵役；記錄的鐵道，有不少是從它忙碌的運轉、停駛、一直到拆除。我突然驚覺到：寫作的速度，居然趕不上它們被毀的速度。如果再不加把

勁，這些鐵道，就將什麼也不存了。

我把書名取做「台灣鐵道印象」，那是因為這本書中收錄的，均是對寶島子民來說，台灣鐵道最美好的印象與回憶。以台灣目前的狀況發展下去，除非有奇蹟，否則書中所述的一切，都有可能消失而成為腦海中的印象。

在我們身處的這個浩瀚宇宙中，人世間你我眼前的事物，沒有永遠存在的道理，它們只是時間長流中的剎那。縱使像如此重視鐵道文化資產的日本，也會因為關東大地震而毀掉許多的預定保存車輛，何況在我們台灣不只有天災還有人禍？

然而，鐵道迷最珍惜的，應是這些火車、鐵道事物與人們接觸的那份情緣。把這些可能不免要消失的台灣鐵道印象整理成書，或許是現階段紀念這段鐵道歲月的少數方法之一。

雖然說，在本書的編排途中，台鐵新一代的Push-Pull自強號已抵台試車，我絕對有足夠的時間將它給放入本書之中。但是幾經思慮之後，我還是決定不把這批未來將會充斥台鐵的火車放進去。因為這批車的加入，配合著通勤電聯車的大量登場，台灣的鐵路勢必有驚人的劃時代改變。這種改變，將會把我們對台鐵的既有印象完全抹去。

在日本，國鐵解體、JR誕生之後，花俏、多變的各型新車不斷登場。國鐵消失十年後的今天，不少日本的鐵道迷開始懷念起那個赤字連連的國鐵歲月、國鐵車輛！

我不否認我是個國鐵JNR的忠實喜好者，所以在一九九六年三月JR大改點，眾多國鐵舊車要引退之際，我毅然前往日本搭乘最後的丹後急行、大垣夜行、鶴見線クモハ12、東北本線50系客車……。同年六月，

我又花了半個月的時間，在日本各地，尋找塗著國鐵色的各型車輛。因為我知道：國鐵色的485系、181系、381系、583系⋯⋯特急車未來一定消失，它們都是我出生後所看的兒童書中的主角。在它們仍健在的最後一刻前往日本看它們，只為一圓那兒時的夢想。

　　台灣鐵路的未來，難免也將步上國鐵JR化後的腳步，有很大的改變。因此，我刻意把時間停留在EMU500型通勤電車抵台之後，但推拉式自強號還未登場的這個點上，而無意再去介紹那一批批新車的上路、以及舊車的報廢、解體、消失。我要把台灣鐵道的美好印象，停在終戰五十年後的這個時刻。縱使此時，台灣鐵道不少美好的事物早已毀去，不過相對於往後的改變，一九九六年初時的台灣，還是有很多值得我們未來回憶的。

　　當我看到外國鐵道迷瘋狂迷戀台鐵的開車鈴、客車列車、硬紙板車票、路牌閉塞機、臂木式號誌機⋯⋯。我只能告訴您：好好珍惜現有的一切！因為，它們都有可能一夕之間消失。

　　台鐵新引進的八百多輛新車，有可能使台鐵從此步上坦途，但也有可能自此一蹶不振（車輛同質性高，如遇車瘟，勢必如同EMU100型自強號一樣全部「完蛋」）。我把時間停留在一九九六年初，主要的用意，

攝於1937年7月時的我的家。洪祖恩/攝

也是在替舊時代的台鐵畫下一個完美的句點。新車導入後的催化，截至目前已造成車長17公尺客車的幾近全滅、東線小叮噹DR2000型的待報廢、白鐵仔的東移、普通車的快速消失（置換為通勤電車）⋯⋯。我不否認新車加入所帶來的莫大好處；但是缺乏文化保存的革命式廢車作為，將使舊時代的台鐵完全成為記憶，以及泛黃相片中的映像。

　　我感謝舊時代的這些火車、那些鐵道所帶給我們的美好歲月。謹以此書，獻給永遠懷想台灣鐵道美好印象的朋友！

洪致文

【鐵道歷史篇】

台灣鐵道百年來的發展,是台灣近代化過程中不可忽略的一部分。這悠悠百年的鐵道歲月,發軔於清季、建設於日本時代、現代化於戰後。過去,官方的史觀多從清代開始,然後就草草跳接戰後的復興,台灣鐵道最蓬勃發展的日本時代反被忽略。在本書中的這部分,我們特別加重日據五十年的史料,以填補此空白。另外,更以日據中期台民所辦之報紙內容,來看當時的鐵道問題,與日本官方的資料究竟有何不同?

日據後期的縱貫線急行列車

日據中期台北車站與機關庫的鳥瞰圖(大圖)

台灣鐵道史話

如今保存在新公園內的1號機關車「騰雲號」。
洪致文／攝

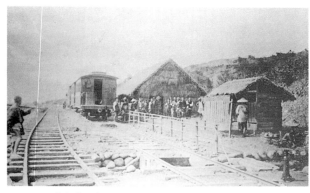

日據初年的新車停車場。

在過往的年代裏，台灣的火車承載了許多人特殊的情感，不管是旅途的回憶或者鄉愁的滋味，每個時代的人都有屬於他們的鐵道記憶；而這一代一代傳承下來累積而成的，便是我們台灣特有的「鐵道文化」。

台灣鐵路的歷史，可以遠溯自清領時期劉銘傳的籌建鐵道，因此這超過100年的台灣鐵道史話，便要從那個19世紀末的年代說起。

◈清領時代的台灣鐵路

台灣鐵路之發軔，一般都以光緒13年（1887年）台灣巡撫劉銘傳奏請修築台灣鐵路獲准，於5月20日成立「全台鐵路商務總局」爲始。劉銘傳爲了興建這在當時仍屬高科技的鐵道，聘請了總工程師H.C.Matheson（英國人），及負責工程設計的Becker（德國人）來協助築路。

光緒16年（1890年）台北至基隆段鐵路率先完成，其中包含現爲三級古蹟的獅球嶺隧道工程。光緒19年（1893年）台北至新竹段接著完工，使台灣鐵路在北部有了最初的規模。

劉銘傳對於鐵路的建設其實相當有野心，最初的計劃即想建至台南。至其去職時，測量工作已進行到大甲，甚至大安溪、大甲溪之鐵橋，亦已遣人測量。無奈繼任者以工程艱鉅爲由，奏請停止興建，台灣最早鐵路的建設，便這樣隨著人去而政息。

基本上，清領時代的台灣鐵路，對於傳統漢民族社會的影響不大，因爲其聯絡的區域只限於北部，所以在空間距離縮短上的衝擊並不強，反而是行經之地會破壞風水的反彈，是當時人們最普遍的「鐵道印象」。（清代鐵路走大稻埕過淡水河，而不經艋舺，便是因以龍山寺爲首的風水之說反彈勢力所造成的。）

當時的蒸汽火車，沿用歐美喜歡替火車頭取名的傳統（英領香港直到20世紀末，仍有電車、柴電機車以人姓氏來命名），有了騰雲、御風、超塵……等名號，十分有意思，而車票方面，亦為了讓民眾感覺熟悉，還特別以郵票加蓋區間的方式代用。這些都是清領時代，台灣鐵路相當耐人尋味的特色。

◈縱貫鐵路的建設時期

明治28年（1895年）日本在簽訂馬關條約領有台灣之後，首任的總督樺山資紀便指示縱貫鐵道的興建，是統治上的「第一要務」。於是隔年便積極展開路線調查工作，除了中南部的新線外，還包括了北部清代所築路線的改線規劃。

明治31年（1898年）2月，基隆、八堵間的竹子嶺隧道完工，清代獅球嶺隧道便在用了不到8年的情況下功成身退。明治34年（1901年）8月，由台北經艋舺、樹林、鶯歌到桃園的新線，亦取代了由大稻埕過淡水河，經龜崙嶺到桃園的舊線。

日本人的縱貫線興築，以南北兩端同時施工的方式分頭進行。其間遇上了日俄戰爭的影響，島內物資的南北運輸需求增加，遂急造了一條「軍用速成線」的輕便鐵道來應急。

明治41年（1908年）4月20日，縱貫鐵路全線完工。自1899年開工至此，花了近10年的時間，以及2880萬圓的經費，終於完成了這台灣近代化歷程上，最重要的一項工程。從此以後，台灣南北的距離不再遙遠，島內一體的意識逐漸形成。

◈糖業鐵道的興起

在縱貫線全通前一年的1907年，台灣製糖會社獲得了總督府的興建許可，於該年的11月，完成了台灣第一條行駛蒸汽機車的糖業鐵路。該糖鐵軌距為762mm，亦可稱為台灣此種尺寸鐵道之祖。

隨著台灣新式糖廠的一一興建，相關的糖業鐵道逐漸建立，部分有客運價值者，亦開始兼辦營業。例如：新高製糖彰化至鹿港段（1911.8.26.開業）；林本源製糖田中至溪州段（1910.9.14.開業）；大日本製糖虎尾至斗南段（1910.1.31.開業）、虎尾至北港段（1911.5.28.開業）、虎尾至西螺段（1911.9.10.開業）；鹽水港

日據初期北部路線改築之初，台北城城牆仍未拆除時的樣貌。

縱貫線全通式（台中公園內）。

縱貫線全通初期的打貓停車場（今民雄站）。

現今縱貫線山線風光。洪致文／攝

糖鐵對台灣的經濟發展極有貢獻。古仁榮／攝

糖鐵員林線與台鐵的聯運列車。洪致文／攝

製糖新營至岸內段（1909.5.20.開業）、九曲堂至旗尾段（1910.8.20.開業）；東洋製糖嘉義至北港段（1911.8.30.開業）、后里至大甲段（1912.7.1.開業）、斗六至大崙段（1912.2.18.開業）；明治製糖嘉義至朴子段（1909.12.20.開業）、二水至南投段（1911.11.18.開業）、番子田至佳里段（1909.6.1.開業）；台灣製糖屏東至東港段（1909.6.25.開業）、屏東至里港段（1909.6.25.開業）、鳳山至小港段（1909.10.5.開業）；新興製糖鳳山至林子邊段（1909.6.5.開業）……，全都相當程度地彌補了縱貫鐵道南北連結，缺乏東西向聯絡的缺憾。

　　基本上，糖業鐵道自此之後，對於台灣鄉村間的運輸便有著不可磨滅的貢獻，直到1970年代之後才逐漸式微。

❖ 環島路網的興建（Ⅰ）

　　在縱貫鐵道完成之後，日本人的規劃中，早有環島鐵路網的概念。明治42年（1909年），也就是縱貫線完工後的隔年，大批人馬移往東部的花蓮，開始興築花蓮港至玉里段的鐵路。這條鐵道完成時舖的雖是軌距762mm的窄軌，不過所有橋樑、隧道都是以1067mm軌距火車的使用來設計與施工，日本人希望有朝一日能把東部鐵路與西部鐵路連接在一起的企圖不言可喻。

　　大正6年（1917年）鐵路順利築至玉里，並以台東北線的名義開始營業。同年，由八堵分歧出到蘇澳的宜蘭線鐵路開始興工；屏東線亦於大正3年突破下淡

新營糖廠一景。洪致文／攝

糖鐵五分仔車，對台灣早期鄉村間的交通運輸有不可磨滅貢獻。洪致文／攝

宜蘭線風光。洪致文／攝

屏東線風光。石川一造／攝

屏東線有著美麗的南國風情。洪致文／攝

窄軌台東線茶干溪橋。

窄軌台東線馬太鞍溪北岸附近。

水溪（今高屏溪）的天然障礙，續築至屏東；1923年
更延伸至溪州（今南州），稱「潮州線」（因經大站潮
州）。

　　大正13年（1924年）12月，宜蘭線全線完工；東
部的台東線則於1922年先向台東開拓會社收購台東、
關山段，1926年完成玉里、關山段，整條台東線終告
完竣。

　　此際，若再加上因山線運量快速增加，而於大正
8年（1919年）開工，1922年完成的海線鐵路，台灣環
島幹線之初期路網，於大正末年便已全數完成。

❖地方鐵道的興建時期

　　基本上，當重要的幹線完成之後，依附於它的地
方鐵路便會一一出現。

　　台鐵的支線除了淡水線當初是為了興建縱貫線搬
運資材所需而最早於明治34年（1901年）開通外，集
集線是昭和2年（1927年）4月收購自台電1921年底就
已完成的日月潭水電工程施工用鐵道；平溪線是昭和
4年（1929年）收購自台陽礦業的原運煤鐵路。

　　其他非台鐵經營的地方鐵道，還有1912年由嘉義
通至二萬坪的阿里山森林鐵路（1914年通至今天的阿
里山舊站）；1924年由羅東通至土場的羅東林鐵；
1921年由萬華通至新店，台北鐵道株式會社經營的新
店線及1924年由豐原通至土牛、貯木場，台中輕鐵株
式會社經營的鐵道。

　　它們的興建與開業，除了載客的目的外，其實產
業上的需求才是主因。尤其是依附於林場的鐵道，林
木資源的輸出，恐怕要比載客重要許多。

窄軌台東線拓寬軌距之前的花蓮舊站。 洪達雄／攝

拓寬軌距後的台東線台東站。 洪致文／攝

停駛前的淡水線。1988.7.洪致文／攝

1929年由鐵道部收購自台陽礦業的平溪線。1989.8.
洪致文／攝

1927年收購自台電的集集線。洪致文／攝

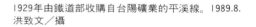

國寶鐵路阿里山森林鐵道風光。
洪致文／攝

阿里山鐵路風光。洪致文／攝

從太平山林場下到土場的索道。

羅東林鐵風光。古仁榮／攝

❖大戰陰影下的台灣鐵路

昭和12年(1937年)，日本發動侵華戰爭，台灣鐵路便開始籠罩在戰爭的陰影下。在事隔半世紀後的今天看來，當時鐵道部公報的機務部份全列為機密而空白，即可以想見一二。

昭和9年 (1934年) 左右，通往北台海軍航空隊本部新竹機場的支線開始興築；昭和15年7月，為了東港水上飛機場需要而建的東港線完工開始營業；昭和16年屏東線沿伸至枋寮……，都或多或少與軍事考量有關。除此之外，軍用的戰備鐵道亦頗多存在，只因當時列為機密，於今已難以查證。

不過，在日本備戰政策下，台灣工業積極建設的1936～1940年間，因為工業的運輸需求，台灣倒是出現了不少直通工廠的專用支線。像是日本淺野系統於1940年在高雄成立的台灣水泥會社，台拓系統於1939年在蘇澳成立的台灣化成會社水泥工廠，便都有專用的鐵道存在。1941～1945年的大戰工業動員時期，1943年成立的台拓化學會社於嘉義所設工廠（專門生產戰機所用油料），便有一條迄今仍由中油在使用，相當有名的工業用支線。

日本在大戰時期，可說是全島動員投入戰爭；雖然為了軍需，急造了不少戰備用鐵道，但卻也急缺鋼料，又怕被盟軍登陸時利用，而拆除了林邊、枋寮間的後段屏東線，以及淡水線上的新北投支線。至於已開工興築的竹東線、東勢線，亦因缺乏鋼料及資材不足，而始終無法在終戰前完成。

❖光復初期的台灣鐵路

日本戰敗、光復初期台灣鐵路的接收，就像其他的產業一般，可說是一筆爛帳。不少人在此世代交替的關鍵時刻，變得失勢且潦倒；但倒也有不少人卻從此而攀上權貴之路。

「光復後國民政府接收台鐵的笑話很多！」這是日據時代參加鐵道部助役考試，第一次由台灣人獲得第一名的簡文發老先生所做的回憶。

當時負責台鐵接收的主任委員陳清文，在外省籍接收人員的印象中，是「口銜大煙斗，操著流利劍橋

大戰陰影下的鐵路。

高雄臨港線鐵路。洪致文／攝

1940年完成的東港線。洪致文／攝

目前由中油接手的原台拓化學會社鐵道（北回站附近）。洪致文／攝

新竹飛機場線。洪致文／攝

光復後，這幢原插日本旗的鐵道部，也異幟為國民政府所接收，成為後來的鐵路局。洪致文／攝

完成於反共抗俄時代的內灣線。古仁榮／攝

英語，風采俊逸，令人心折」的接收大員；但在本省籍台鐵員工中的認知，卻是：「外行人管內行人。」「恨日本人，也恨台灣人；所以常用三字經罵日據時期便已進入台鐵工作的人。」

所以，彼此的誤解與觀念的不同，難怪1947年的二二八事變，會緊跟著光復的喜悅而爆發。

基本上，在1950年之前的台鐵，都還相當程度地運用著日據時代的制度在運作著。縱使高層官派人員的仇日心態，對這些制度仍會隨意亂改，不過基層員工倒是私下維持著習以為常的習慣，使台鐵漸上軌道。

事實上，日本人並非一戰敗就「逃」回國去。有不少的台鐵日籍員工，戰後又繼續留任來復建台鐵，並非如台鐵所最愛吹噓的日人警語：「我們日本人走後，台鐵會撐不到半年」那般的無情。

日籍台鐵員工對台灣鐵路的情與愛，有時連我們看了都要感到慚愧。像日籍台鐵員工的聯誼團體「台鐵會」，便是一直認同自己是「台鐵人」的最佳明證。這樣的情感，對於那些只想從台鐵多撈些油水的台鐵員工而言，不知有何感想？

❖反共抗俄背景下的台灣鐵道

在國民政府播遷來台之後，光復後台鐵的建設才真正開始。不過，在「反共抗俄」的背景之下，台鐵於當時亦發展出不同於戰前的文化。

像是車站會出現許多愛國標語，車票上會印著「共匪必滅，暴政必亡！」、「一切力量投入反共」……等的

內灣線風光。洪致文／攝

「時代語」。不只台鐵，連台糖亦開出了「反共抗俄列車」，到處宣揚這一理念。

民國40年9月，內灣線全通；民國48年1月，東勢線完工；民國50年，深澳線由瑞芳通至深澳……，都是台鐵戰後積極建設時期的成就。連台糖，亦為了戰備需要，將中南部原本各自為政的糖業鐵路，連接成可從台中通至高雄籬仔內的「南北平行預備線」，於民國42年初西螺大橋完工後，全線通車。它平時可供台糖做廠際間的運輸，戰時亦可供縱貫線的預備鐵道用，可謂是多重考量下興建的鐵道。

民國46年，台鐵首度向日本購進了車長17公尺級的通勤型長條椅鋼體客車，隨後又陸續買進了許多20公尺級、車內同樣寬闊的長條椅客車。台鐵車輛史研究家童振疆便指出，台鐵在當時一下子買了那麼多的長條椅客車，應該與此種車能夠很方便地搭載全副武裝軍隊的考量有關。

❖ 優等列車的先後登場

台鐵在光復後到民國50年之前，可說是在日本已規劃好的藍圖上，繼續的建設時期。這段期間較為人有印象的列車，大概有成功號及銘傳號這種有列車等級制（分頭、二、三等）的特快車，與廢除分等制後的平等號、克難號汽油車與飛快車。它們的車廂內裝可能趕不上新時代的需求，不過在速度上卻是屢創新高。

民國50年之後，台鐵的優等列車開始登場。第一

民國55年登場的光華號特快車。洪達雄／攝

1980年2月通車的北迴線風光。洪致文／攝

炮是藍色底加白線塗裝的觀光號列車，於民國50年6月18日開始開行；民國52年7月起更首度裝設空調冷氣，是當時相當高級的列車。

民國55年10月31日，為了慶祝蔣中正總統生日而開行，車頭上還掛著「萬壽無疆」的光華號列車正式推出，直到西線電化完成之前，一直都是台鐵跑最快的火車。

民國59年2月，有著寬大玻璃窗與藍絨座椅的空調車莒光號，亦正式上路。白底淺藍色圖樣的優美塗裝線條，與後來也由普通車顏色改成白底紅色塗裝的觀光號，是台鐵最吸引人目光的客車列車。

◈環島路網的興建（II）

民國60年代，十大建設工程替台灣環島鐵路網的興建，揭開了第二階段的序幕。民國62年12月底，北迴線正式開工興建，民國69年2月全線通車。西部縱貫線，也在民國68年7月全線電氣化完成。

而從花蓮到台東的窄軌台東線，緊跟著北迴線的完成，於民國71年7月完成部分的改線和軌距的拓寬與切換。若再加上民國74、75年雙軌化完成的宜蘭線鐵路，台灣東部鐵道幹線的架構完全成型。

這樣的環島鐵路網，剩下最後也最難的一段，便是連接屏東線與花東線的南迴鐵路。

該鐵道全線有超過三分之一的路段，是行走在漆黑的隧道中，工程上的艱鉅不言可喻。它於民國69年7月開工，民國80年底因為選舉的政治因素，而提前通車免費試乘；之後又因許多相關設施仍未完成而停駛，直到民國81年1月12日才正式開始營業。

從1899年縱貫鐵路的開工，到1992年南迴線的完成，台灣共花了將近一世紀的歲月，才把繞台灣一圈的環島鐵路網真正建立起來。這個用火車替台灣畫一個圓的夢想，就這樣從19世紀末沿伸到20世紀末而終於實現。這跨世紀的偉業，正是台灣近代交通史上最傲人的成就！

◈鐵道救台灣！

台灣光復，經過美援時代的影響，美式公路派的交通觀念並無經深思便引進台灣。台灣各地的馬路大量開闢，也大量破壞美麗寶島的天然環境；高速公路

1980年代中期完成雙軌化的宜蘭線(攝於雙溪附近牡丹坡)。洪致文／攝

1982年完成軌距拓寬的花東線（攝於台東站站場）。洪致文／攝

1992年通車的南迴線風光。洪致文／攝

1989年「鑽入地下」的台北市中華路一帶鐵路。
1989.6.洪致文／攝

1988年停駛的淡水線。洪達雄／攝

鐵路地下化東沿松山之後，這個東出口不久後也廢
棄了。洪致文／攝

1991年停駛的東勢線，最後一天東勢站內的蜂湧人
潮。洪致文／攝

1996年3月底正式通車的木柵線，是台灣迎向鐵道復權的
第一步。洪致文／攝

觀光化是支線鐵路重生的不二法門。洪致文／攝

的完成，小汽車無限制的增加，台灣終於自食不重大眾交通工具的惡果。

對於不少無全盤性考量眼光的決策者而言，他們依然認為鐵路是妨礙都市發展的劊子手，竟不知外國鐵路與社區共存共榮，積極廣建鐵道與捷運的現況。

而屬於省府三級單位的台鐵，也因不善經營且抱持著公務人員少做少錯的心態，虧損累累。民國78年深澳線停辦客運，民國79年中和線停駛，民國80年東港線、東勢線又緊跟著被台鐵裁掉，其消極經營的心態表露無遺。幸好有不少關心鐵道文化資產且亟待支線鐵路觀光化經營的人士四處熱心奔走，僅存的集集線、平溪線、內灣線才得以不再被台鐵拆除。

1980年代初，台鐵蒸汽火車正式引退，台糖客運營業線也停辦，不少台灣老一代的客貨車也伴隨著西線電氣化完工而消失。

1990年代後半期，台鐵又計劃購入大批韓國製的推拉式自強號電聯車與通勤電車，原本以客車列車為主的運轉形態勢必有大改變。如果台鐵不能好好把握這次的轉型，未來的路恐怕將會更加難走。

事實上，「鐵路式微要功成身退」，是不善經營者的藉口。汽車運量小，排放廢氣量又大，就環保觀點來講，鐵路還比公路更符合現代地球的需要。

近年來，「鐵道救地球」的新觀念不斷在外國被提出討論，21世紀更被視為將是「鐵道復權」的新時代。也許，在台灣交通情況已嚴重惡化的今天，我們真的要好好考慮「鐵道救台灣」這個概念。畢竟，「鐵路一定是虧損的事業」、「世界那一條鐵路不賠錢？」，都是鐵路經營者保守心態的藉口。外國聯合開發、多角化經營成功的案例比比皆是，我們台灣能夠花將近100年的時間刻苦完成環島幹線，為何不能於下個世紀再創一個台灣鐵道奇蹟？

捷運淡水線風光。洪致文／攝

1990年代後半期，台鐵買進了許多南韓製的電車。洪致文／攝

近代史上的台灣鐵道

在台灣近代歷史上，1908年縱貫鐵路的開通，可說是劃時代的一件大事。因為在此之前，南北間的交通運輸極不便利，經濟上的活動，反而是依靠港口對島外的貿易量，要勝過島內的南北間交易。除此之外，甚至還有南部的貨物先出口到大陸東南沿海，然後再輸入回台灣北部的現象，說明了台灣南北間的交通是何等的不發達。

1908年4月，縱貫線基隆到高雄就已全線完工，雖然正式的開通典禮晚了半年才舉行，但實際上四月之後就已有火車在南北奔馳。當時，順帶完成的還有淡水線、鳳山線二支線，已相當程度地把台灣西部的各個聚落，全靠鐵路給串了起來。自此之後，台灣各地城鎮的發展，不再因為陸路的隔閡而必需獨自靠海運、水路對外，而能藉由這條縱貫鐵路，將台灣本身就有的資源做較佳的分配。當然，日本政府以殖民觀點來考量時，這條鐵路也是它把台灣這隻「金雞」下的「金蛋」往外送時，相當必要的一項基礎建設。

1908年雖然是縱貫線全通的關鍵年，不過，各地民眾對這項新的交通工具並不會太陌生，因為縱貫線是採分段同時施工，先完工部分就先通車的建設方式，所以台灣人被它那「噴煙黑色妖馬」嚇到的年代可說都早於此，1908年的台灣西部民眾已相當程度地了解了它的便利，而能夠接受它。

根據當時的統計，整個台鐵的線路上共有54輛各式蒸汽火車在運行，其中15輛新增備的火車頭，均在這一年加入行駛，是鐵道部在1920年之前，最大手筆的一次機車頭添購計劃。

至於客貨運量方面的情況，1907年未通車時的全年總乘車人次約249萬人，1909年全通後則突破了300萬，人數的增加，因為縱貫線是分段通車，所以並沒有驚人的暴漲。然而，貨運量的增加就相當可觀了。1907年時只有約57萬噸，1909年就高達85萬噸，較之未全通前的年增量約7萬噸，1908年的縱貫線完工，對台灣南北的貨物運輸，真的有劃時代的改變作用。

而各站在業績方面，台北站與台南站的客運量上遙遙領先其他車站；至於貨運，送出量以基隆第一，打狗（高雄）第二，第三名則是現已不存在的大稻埕站；而運抵的貨運量，排名則變成為打狗第一、基隆第二、台北第三、橋頭第四、台南第五，相當值得經濟學家用來討論本世紀初台灣經濟活動的一個依據。

在台灣鐵路的發展歷程上，環島幹線的規劃在1908年之前就已提出，甚至連南迴鐵路的選線都已被討論過。因此，在日本人有了這個鐵道網路建設的腹案後，縱貫線是第一重要的路線，所以便最先完成。隨後的台東線、宜蘭線興築，以及1922年「台灣私設鐵道補助法」頒行後，如雨後春筍般增加的各製糖會社營業線，都是台灣近代歷史上，交通運輸環環相扣的大動脈。如果沒有它們，台灣只不過是一隻會把金蛋下在自家後院的雞而已，整個近代歷史，恐將會因此而改寫。

基本上，台鐵路線建設（包含南迴、北迴……）的計劃，都是延續日據時代已擬妥的方案在進行，日據後期甚至早已有把台北站附近全線高架化，淡水線擴建雙線並電氣化當成通勤線用的案子提出。無奈日本軍閥發動中日戰爭，而使資材不足、計劃胎死腹中。

台鐵在民國50年代之前所建的客運支線，其實也都是完成日據時已做一半的工程，連十大建設的台中港項，除了是新高港工程的「美夢成眞」外，連接的

台中港線鐵道，也全是用舊路基建成的。所以，如果摒除掉日人對台灣資源獵取的野心，其實日據時代的鐵道建設與規劃，是有相當前瞻性的考量。

日據時的台灣，除了有台鐵的路線做為南北主要運輸外，各地糖廠鐵道及通往林場的專用鐵路，亦是物產外運的運輸環結當中，從鄉村到城鎮的第一關。直到今天，糖鐵的五分仔車仍是不少出外人最懷念的童年記憶，說明了它在那個交通不發達的時代，扮演的重要角色。

如今，台灣已經光復50年，距日本據台也超過100年。日本人當初的鐵路規劃，我們幾乎都已全數完成，甚至有不少鐵道已因不再重要且加上台鐵的不善經營而功成身退。未來的50年、100年，我們是否能像20世紀初的日本人一般，為台灣陸上交通的規劃，做出更有前瞻性的建設藍圖？還是只能眼睜睜地看著政客為了自身的利益，毫無學理地亂改路線與規劃，弊案連連地邁向「屬於中國人的21世紀」？

回首過往的100年，我們真的該好好地深思一下……。

內灣線合興站。古仁榮／攝

昭和初期的山線風光（1935年地震發生後）。

從台灣民報及台灣新民報看日據
中期的台灣鐵道問題

日據後期的縱貫線急行列車。洪長庚／攝

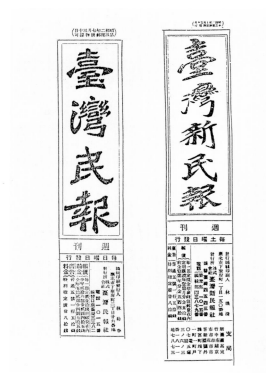

台灣民報與台灣新民報刊頭。

在日據中期以漢文（或部分日文）刊行的《台灣民報》及《台灣新民報》，在某種程度上，係表達了當時台人對時事的論點。若與今天1990年代的台灣報紙來加以比較，《台灣民報》與《台灣新民報》像極了現今報紙媒體上的讀者意見欄、投書欄，內容的「非官方說法」是毫無疑問，但事件的眞相究竟如何則仍有待研究。畢竟，《台灣民報》及《台灣新民報》上的文章或報導，僅爲部分人的看法，就鐵道相關報導來說，民眾與鐵道單位間的溝通似乎不甚理想；同樣的問題，到60年後的台灣，仍不斷地上演，或許這才是我們值得討論的重點。

在刊載的報導中，以車站人員態度傲慢所佔比例最高，此外還有火車撞死人、三等車擁擠、急行列車停站、時刻表排點、台北市電敷設、輕便車伕勞資關係及輕便車運價⋯⋯等問題。

❀火車撞死人

火車撞死人的事件，其實到今天都還時常在發生，因爲台灣民眾不管在日據時代或者光復後，不怕死的「向前走」作風，是根本不怕火車的。任意闖越鐵道，把鐵路當便道，這種事到西部縱貫線早已電氣化完成後的今天仍然可見，所以《台灣民報》上會出現火車壓死人的報導也就不值得奇怪。

像是昭和2年（1927年）9月11日，第173號《台灣民報》上刊載發生於基隆站內的事故，可以得知當時由機關士高野直次所控制的火車頭，係在站內做溜放的調車作業，站場內的鐵道原本就是閒人勿入，更何況是在調車中的站場！

2名台灣人工夫跨越鐵道不幸被撞死，基隆站對善後的處理雖有可議之處，但鐵路站場本來就是不能隨

意進入。即使今天，任意跨越鐵道而被火車撞，勝訴的仍是鐵路單位。所以治本之道，應為政府必需顧慮人民行的權利，適當地興建跨線天橋或地下道，甚至將鐵道高架，如此一來才能防止鐵道事故的發生。

當然，民眾想拿自己生命開玩笑，這更無關日據時代日本人或台人的民族問題。只要任意跨越鐵道，便有機會被火車撞，火車撞人之前豈會先分辨其為日人或台人？但是鐵路單位在出事後的處理態度便值得改進，這一點或許是火車撞人後會引起如此大反彈的原因，而不是撞死人這件事本身所造成的吧?!

◈鐵道從業員態度傲慢

台灣的鐵路服務品質不佳並非始自今日，日據時代即已如此，只是今天在台鐵的積極改革與要求員工後，絕大多數的站員均能以平和的態度面對旅客。但是，在報章雜誌的讀者投書中，卻仍不時可見態度傲慢之例，日本時代日人欺侮台人也就罷了，光復後彼此同胞豈能像殖民政府官僚般傲慢對待旅客？

在日據時代，車站人員與旅客衝突，並非只是「態度不親切」的問題，常常是無理欺負、動武甚至毆打旅客，這在當時台人所辦的《台灣民報》中不時可見。時至今日，雖少有武力衝突的發生，但言語間的衝突卻時常出現。像1992年就發生過台北站的人員對著擠不上車的旅客嘲弄式的咆哮:「擠啊! 擠啊! 台灣人就是喜歡擠!」旅客來坐火車豈是來受嘲笑的? 擠不上車是台鐵的車廂不足，無法多掛客車，錯不在旅客，而旅客卻要受車站人員的咆哮，這不是和日據時代站員

無禮刁難台灣人同樣無理?

而在《台灣民報》上被指出多次的斗六站賣票怠慢事件，則更是車站衝突的極佳案例。

昭和4年(1929年)時的斗六站，賣票的出札係(售票員) 不知何故，業務怠慢，以致每日衝突不斷。以刊於該年度1月8日第242號《台灣民報》的事件為例，早晨8時的北上列車還未開到，售票窗口即有四、五十名旅客排隊，但售票員故意慢慢賣票，賣不到20名火車便已開來。沒有多久，汽笛一響火車就要開走了，所有仍在排隊買票的乘客均不知所措。當時有一名旅客因有緊要事務必趕上車，故急忙想攀上火車，卻不小心失手跌個四腳朝天險些喪命。原來，當天7點多的急行列車已因售票員的怠慢造成一堆人上不了車，等到8點的班車又把同樣的事再上演一次，難怪有急事的旅客要硬闖上車。

這樣的事聽來可能很荒謬，但在今天，我們的台灣鐵路依然在上演著這樣的故事。像是台東站在南迴線未通車前，時常是到了火車要開了的前幾分鐘才打開售票窗口，硬是要旅客在外面排隊枯候，而不事先發售。等到火車要開了，不管民眾是搭不了車還是無票乘車被加罰車資，受害的都是無辜的大眾。同樣的事幾十年後居然仍在發生，我們的鐵路單位還真是個固守「傳統」的單位!

不過話說回來，現今的台鐵還算重視民眾的反映，只要旅客有所建議，還是會很客氣的感謝你並答稱供做參考云云。只是少部分員工態度傲慢，壞了台鐵的

內灣線。古仁榮／攝

內灣線。古仁榮／攝

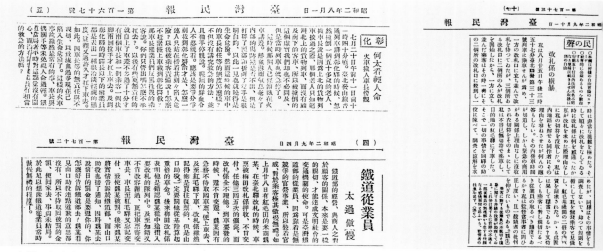

台灣民報中有關鐵道從業員態度傲慢的報導。

形象，台鐵豈能不正視此一問題，並謀求真正有效的改進之道？

※列車等級制（虐待三等車乘客）問題

日據時代的台灣火車，以1930年代為例，長程的急行列車只有白天及夜晚各一往復4班車行駛在縱貫線上，其他的多為區間車或站站停的慢車。而同一列車中，多分有二等客室與三等客室，一等客室則較為少見。

這種列車的分等方式，主要的考量是不同的等級有不同的舒適程度，但大家卻是在同一時間抵達終點。這種作法，到光復後依舊沿用，直到平等號客車出現後，才逐漸消除這種等級制的行車方式。

在昭和4年（1929年）6月23日，第266號的台灣民報中，即刊出了一則：「鐵道部的大矛盾！車長虐待三等客」的文章。主要的內容，是說6月13日苗栗發的北上列車，一路上早已載滿了人，乘客源源不斷上車，但三等客室已沒有座位，於是大家只好擠到二等車的便所及洗面所去。車長依規定，開始趕站在二等車的人，而三等車又太擠，於是衝突便發生了。

這種衝突事實上在台灣是非常嚴重的問題。因為即使到今天，日本或世界其他國家的火車，都堅持一個理念：「怎樣的消費就有怎樣的享受」，所以像日本的火車，分有隨便可坐或站的自由席，及要劃位的指

定席；而針對更高一級的客室則有Green Car，或者包廂式的個室。

這樣的火車空間安排，百年來的爭議不斷。日據時代台灣人多只能乘三等車，因此對於能坐二等車的人（日本人或少數台人）非常不滿，光復後為塑造平等的形象，民國42年將一列車掛各種不同等級客車的作法改變，改為全列車不是二等就是三等，其實內容是換湯不換藥，有錢有勢者還是搭二等的快車，一般老百姓仍是坐慢吞吞的三等車，不過「等級糾紛」卻因此而平息了下來。

直到民國69年8月台鐵的冷氣對號車（後來的復興號）開始行駛，初期掛在莒光號後面，又合稱「莒興號」列車，消失許久的同一列車不同等級制度又告出現。這個列車的問題很大，主要是出在沒有座位的站票乘客上。因為如果你站在莒光號車內，要買莒光號的車票，站在復興號內則要買復興號車票。但以台灣人的守法精神，當然是會買復興號票去站莒光號，因為不小心若有位子，也比復興號舒服；車長來了，再奪門而出到後面的復興號車廂不就行了？這個問題鬧得滿城風雨，車長補票也常和乘客起衝突，於是沒多久就把復興號和莒光號分開使用。

同樣的情況在民國80年台鐵又再發生了一次。這次的對象是EMU100型的自強號，台鐵將其中的三輛

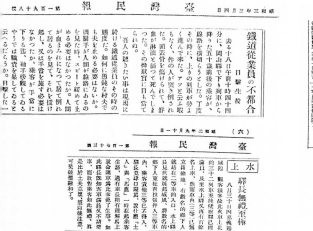

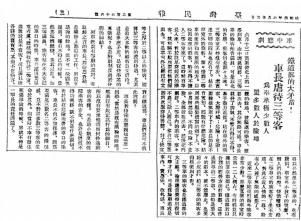

台灣民報中，車長虐待三等客的報導。

改為較高級的「商務車」，位子一車只有37人，和日本的Green Car近乎同級，但同樣也是在賣座不佳，及其他車很擁擠，列車長不讓別車乘客入內乘坐而起了大反彈，不得不在民國81年3月底草草收場，結束營業。

從鐵路單位在台灣近半世紀的「奮鬥」，似乎仍很難扭轉一般民眾適應等級乘車制的習慣，反而造成了台鐵的客車不管車種都是像菜市場一般鬧轟轟，再也沒有那一個鐵路主管敢與民眾意見為敵，將列車中某一節劃為特別車廂不准站位。

其實，這麼一來事實上對有座位的人真的是很大的侵害，但為了不讓人有製造「階級意識」的口實，台鐵幾次的試驗都是灰頭土臉收場，看樣子有了這麼多次的教訓，台鐵是不敢再開這種同一列車有不同等級的火車了，畢竟台灣人從日據時起就對這種制度「非常反感」啊！

※時刻表排點及急行列車停站問題

什麼樣的車該停什麼樣的站，這似乎也是台灣鐵路長久以來一直存在的問題。昭和4年（1929年）7月10日總督府鐵道部的時刻表大改點，便曾激起了各地很大的反彈，有人抗議火車時刻不便民、自己家鄉為何不停靠？同樣的問題吵到今天，同樣存在！

像是昭和4年7月14日第269號的台灣民報即有來自大甲的報導，記載了時刻表大改點後，急行列車不停靠大甲驛，地方民眾認為會嚴重影響當地的發展，所以堅持一定要在大甲停車。

這個狀況現今也同樣存在。很多民意代表或地方官員，在競選時的政見便是要火車停靠該地，所以在這些人當選後，就會積極「造福鄉里」不准火車過站不停。

因為台鐵是省府三級單位，受省議會監督，省議員的話豈敢不聽？於是這位要停這站，那位要停那站，台鐵的火車便越停越多、越跑越慢，使得如今火車時刻排點居然「開倒車」，有的火車跑得比電氣化完成時還要慢！

其實，從日據時代的總督府鐵道部到今天的台鐵，一直沒有訂好「什麼樣的火車該停什麼樣的站」之標準，這才造成有選出省議員的地方，火車過去就一定要停，否則便杯葛台鐵。

似乎一直到今天，台灣的民眾並無法從整體的鐵道運輸運量上考量，讓火車行駛得更有效率，反而是無理的要求火車不得過門不停。

事實上只要鐵路經營者做到很好的接駁工作，快車用來做大城市間的幹線運輸，由大站到鄰近小站再以普通車接駁即可，而不必為了牽就少數小站旅客，而讓大多數人坐那種站站停的快車，無形中反倒降低了快車速度上的優勢，變成實質「慢車」！

至於同樣針對這次1929年7月的大改點，台灣民報上還有二則有關新時刻不便民的報導。其實這種事今天也常發生，最主要的原因，是鐵路排點人員對沿線各站到開時刻與民眾生活關係上的疏忽，才會造成這種反彈！

◈胎死腹中的台北市電敷設案

台北市的交通到今天可以說是惡化到了極點，面對施工拖延、弊案連連的捷運，台北人個個都不得不搖頭。但在大都會區的大眾交通中，除了捷運系統以外，於歐美、日本等國最常見的則還有路面電車的設置。而台北市，在昭和3年（1928年）時便曾差點造了路面電車的系統，後來因為市民的大力反對，以及財政上的因素，才胎死腹中沒有建成。

以日本為例，最早的一條市電是明治28年（1895年）開通的京都市電伏見線。後來大阪、東京……也都有了路面電車的鋪設，但到了1970年代後，路面電車的運量太小，又常阻礙交通，所以1969年廢止了大阪市電、1978年廢止了京都市電，連東京如今也只剩一條荒川線在行駛。路面電車的時代似乎已經過去了，目前日本規模最大的路面電車系統是在廣島，這或許是因為廣島市的捷運系統興建較遲有關。

台北市電的建設，計劃中的路線有四條：中央線由南門附近出發，走今天的愛國西路（當年的三線道路），轉博愛路直到北門，再右轉經忠孝西路到台北車站前；東部線由今天的力霸百貨（原日日新報社）前，沿衡陽路到東方出版社（原新高堂書店），轉重慶南路再轉襄陽路到博物館前，左轉館前路抵今大亞百貨（原鐵道旅館），再沿忠孝西路到監察院（原台北州廳），轉中山北路到當年的宮前町派出所前為止。不過從宮前町派出所沿中山北路，一直到圓山動物園的則是另一條圓山線。至於第四條的西部線，則是從以前的太平町六丁目（今大橋頭附近），沿延平北路一直到鐵道部舊舍、經福星國小，沿成都路轉康定路直到萬華站前。

整個建設預估的總經費達2,134,091元，以當時台北市財政的困難，實在是不宜耗資興建這4條路面電車線。那時民間的反對聲浪很高，因為害怕台北市當局因建這四條的台北市電，大量向外借款，而加徵市稅或不再有餘錢去從事其他建設，所以極力反對，尤其以民眾黨台北支部的台灣人反對最力。這些台灣人抗

保存在明治村內的京都市電電車。洪致文／攝

日本規模最大的廣島市電。洪致文／攝

議、反對的記錄，在昭和3年（1928年）至隔年的台灣民報中，都有所刊載。特別是昭和3年7月29日第219號的台灣民報，更以社說（類似今社論）的明顯篇幅，指陳市民反對聲中的台北市電車計畫當局者宜早撤廢。

若幾十年後我們以較持平的態度來看台北市電的興建問題，則可以發現其實部分線路還是值得興建，或許還能因此解決部分台北交通的問題。

像是圓山線其實並沒有興建的必要，因為它的運輸由淡水線鐵路來肩負即可，而西部線從西門附近到萬華站一段，其實也不必興建，由縱貫線來取代即可（況且當時西門附近還有一個新起町的汽油車停靠站）。整個路線若改為中央線從南門到台北車站，由車站接東部線到日日新報社，轉西部線一直到太平町台北大橋為止，則可免去一部分多餘的路線建設經費。

這些市電當時若能完成，對台北的交通，至少在民國60年之前的交通應有很大的助益。當時日據時代的台北市當局，恐怕也是有長遠的眼光，才打算從事這項建設。不過市民的反對，總認為眼前沒有這個必要，而且交通問題也未惡化，所以反對興建。這和光復後很多基礎建設，都是到了非做不可才會去做的心態很類似。而日本治台期間，對很多建設都是在問題未發生或未惡化前即想解決之道，所以才會讓光復後的台灣，還「撐」了幾十年才不得不開始十大建設。

雖然台北市電在當時若興建應對交通有一定程度的幫助，但時至今日，似乎也只有捷運系統才能挽救台北市的交通。日本的許多路面電車系統在城市持續發展，完成階段性的功能後，便一一功成身退；而台北市的發展也早已超過路面電車所能負荷的程度，所以傳統的路面電車幾乎是沒有可能在台北市出現。台北市電的計畫，也只能讓今人拿著過去的地圖去想像了！

◈輕便軌道的勞資問題

在廣泛的定義中，輕便軌道也算是鐵道的一種，只不過它大部分都是沒有火車頭在牽引，而是用人力來推，所以這輕便車便又稱做「手押台車」。

台灣民報中，有關台北市電敷設的報導。

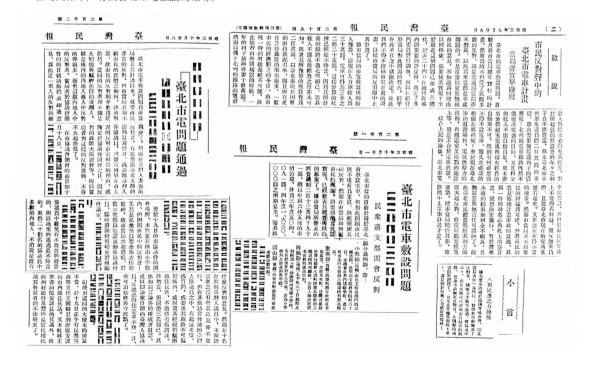

它的發展到了日據中期，開始受到汽車的競爭而有逐漸減少的趨勢，再加上輕便軌道會社對於輕便車伕的侍遇十分苛薄，以台灣軌道會社所經營的新竹、新埔間輕便車為例，4人乘1台的料金中有6成8—近7成的錢要交給會社，車伕僅得3成多一點，可說是嚴重壓榨勞工，所以在昭和3年（1928年）11月1日才會有全部220名車扶提出7條的條件，要求資方必需在15日以前與之談判取得解決，否則不惜全體罷工的事情發生。

事實上，輕便車伕真的從19日開始罷工，直到12月1日資方同意開始實行新的給付方式：會社拿6成，車伕拿4成，才暫時平息。不過，紅毛、新埔間因有汽車的競爭，所以定會社6成5，車伕3成5，所漲不多，但大致上勞方是獲得了初步的勝利。

其實，輕便軌道在台灣一直是種非常貴的交通工具，一般的人多乘坐不起；而軌道會社在獲得暴利後，卻又吝於給車伕合理的工資，難怪會引起民眾的不滿，連新竹郡的警察課都同情車伕，郡當局也是一樣，會社最後才會被迫改善。這段記事，可以在昭和3年（1928年）的台灣民報中看到。

❖同樣問題一樣存在

綜觀從台灣民報上所獲得的鐵道記事，除了輕便鐵道及台北市電與今天較無關係以外，其他的問題其實是同樣存在的。

而即使是輕便車伕的罷工，也同樣令人想起多年前台鐵的駕駛集體罷工之事；至於市電的興築，最重要的財源問題，到今天似乎也已「不成問題」。因為我們的捷運局居然以世界少有的「天價」來造台北捷運，其間更是弊案連連，鬧得滿城風雨。

雖然說，科技不斷進步，鐵道技術也不斷更新，但與人有關的問題，半個多世紀以來似乎都沒有獲得很好的解決，或許這些人民的心態問題，是根深蒂固無法改變的觀念，但為了整個台灣鐵道的未來，為了讓我們的鐵道運輸更有效率、更為合理，民眾的許多想法以及鐵路單位的老大心態都應該改變。畢竟，我們總不能讓50年後的人發現：原來台灣鐵道的問題100多年來都沒有變吧？

至誠動天地——宜蘭線史話

　　自從屏東線鐵路被台鐵以缺乏文化保存觀念地一番大改造之後，台灣的環島幹線中，就只剩下山線與宜蘭線較有看頭，而且不只有青山綠水原野的自然景觀，還有豐富的人文歷史之旅可供一一品味。

　　丟丟銅這首台灣民謠，可說是先民對宜蘭線鐵路最深刻的描述。而今天我們回過頭來看這條老鐵枝路，「山洞之旅」也正是它最吸引人的地方。

　　宜蘭線鐵路從大正6年（1917年）開始興工，1919年3月後段的宜蘭、蘇澳間率先完成，5月5日八堵至瑞芳間也跟著完工，一直到1923年10月，就只剩下中間最艱鉅的頂雙溪（今雙溪）至大里一段還在加緊趕工，其餘的路段都已完竣。

　　這段鐵路之所以遲遲無法完成，是因為碰上了草嶺山脈的艱險地形之故。為了貫通隧道，無數的先民付出了自己的血和汗，就只為了一圓那山洞鑿通、重見青天、讓火車飛快奔過這早年要花費大半天才能越過的重山峻嶺的夢想。

　　這座對台北、宜蘭間交通發展上極為重要的山洞，全長有2166公尺，是北迴鐵路還未完工前，全台第一長的鐵路隧道。它在宜蘭線雙軌化工程完成後遭到了廢棄的命運，如今通往洞口的舊路已長滿了雜草，十分地荒涼。當草嶺古道健行已成民眾假日旅遊熱門路線之際，地方政府何不把這座歷史上有名的火車隧道好好整理成一公園，並鋪上一段小鐵道，讓子子孫孫永遠能記得先民築路的艱辛？

　　草嶺隧道於大正13年（1924年）10月竣工，整條宜蘭線也跟著在同年12月1日完成。其北口隧道上題有「制天險」3個大字，南口則題了豪氣十足的「白雲飛處」（一說「國雲飛處」）蒼勁草書。南口題字人賀來

佐賀太郎，是當時台灣總督府的第二號人物——總務長官（1919年總督府的第二號官銜從民政長官改為總務長官）。整個宜蘭線鐵路的興築，可說是日據大正時期的一大「政績」，而其對北台灣交通發展的影響，更有不可磨滅的貢獻。

　　就如同台鐵九曲堂站旁有座紀念督造高屏大橋而積勞成疾致死的飯田豐二技師紀念碑，宜蘭線的草嶺隧道也有類似的動人事蹟留傳下來。

　　一座立在福隆隧道與新草嶺隧道間，橫跨過鐵道的產業道路旁的「吉次茂七郎紀念碑」，便訴說了這個故事。

　　吉次茂七郎為日本福岡人，他將隧道貫通當成是攸關一生英名的大事，因此全力投入，終至犧牲個人性命。其死因從殘缺的碑文上可推出可能是積勞成疾，但亦有文獻指出是「隧道工事之際犧牲」。不管真正原因為何，從日據時代稱此碑為「吉次技師殉難碑」，以及他為了建設隧道而無私付出的精神，就值得我們排

吉次茂七郎技師紀念碑。洪致文／攝

雙軌化後的新草嶺隧道。洪致文／攝

除狹隘的種族觀念，而給與正面的評價。

畢竟，人家付出全力，甚至生命而完成鐵路隧道，受惠的又何止那少數的日本人？就像設計、督造嘉南大圳的八田與一工程師被尊爲「台灣水利工程之父」永爲人所稱頌，吉次技師殉難碑在光復後被人千辛萬苦拿來水泥抹去字跡，是不是更顯得「有心人」的度量狹小與無知呢？

1994年一連串的颱風將草嶺老山洞上攀爬的樹枝雜草吹去了不少，更把宜蘭線三貂嶺站對岸三瓜子隧道上盤聚極久的枝葉全吹落，意外地露出了「至誠動天地」的感人題字。在宜蘭線70歲生日的當時，是否隧道有靈，以至誠之心感動天地來了這幾個颱風讓它重見天日？相對於老天的「精心安排」，我們人類對於它的70大壽反倒是漠不關心，而且還冷漠得可以。相信台鐵對這些老碑、老山洞是不會有什麼具體的保存計劃，但台北縣、宜蘭縣的文化機構豈能坐視這麼重要的交通史蹟繼續傾頹下去？人說：「人生七十才開始」，宜蘭線過了這個大壽之後，可會有個更光明的新生？

下淡水溪橋與督造技師記念碑

鐵路屏東線的舊高屏鐵橋，一直是寶島台灣的名橋之一，不只因為它的造型優美，還因它曾為遠東第一長橋而聲名遠播；即使一直到今天，改建後的高屏大橋仍穩坐著台灣第一長鐵路橋的寶座。

這座舊的花樑高屏溪橋，目前雖已功成身退，然而它卻是當地居民心中永不可磨滅的家鄉記憶，也因此，雖然它沒有成功地被列為古蹟加以保存，但卻也在縣府及民眾的刻意保留下留存至今。

舊的高屏大橋又名「下淡水溪橋」，下淡水溪乃是高屏溪的舊名，目前在舊橋北端的崗哨旁，還可見寫著「下淡水溪」的名稱。

這條溪因為河面太寬，因此火車當年要橫過它實在不太容易，所以1908年縱貫線全通時附帶完成的鳳山支線，就只完成到九曲堂站，而沒有過河繼續延伸。一直到大正3年（1914年），九曲堂至屏東的這段鐵路終於突破艱難完成，其中最重要的工程自然是這座當時的遠東第一長橋，有1526公尺的下淡水溪橋了。

這座橋在民國53年前後經過改建，鋼樑也抽換為台鐵鋼樑廠自製的花樑，而後一直用到民國76年的6月新橋通車，才正式功成身退。它屹立於寬廣的高屏溪上，歷經了八十多個年頭，如今橋雖不用了，但高屏人還是感念它的功勞，特地留下來做為紀念。如今，它就像許多的廢棄小站、支線鐵路一般，吸引了許多結婚的新人至此來拍攝婚紗照，畢竟這是最有家鄉味的風景啊！

在橋北端的九曲堂站旁，則還有一座建於1913年的「飯田技師記念碑」，碑身上刻著「記念碑」3個大字，由於是日據時代所立，所以是用日文的「記」。

這座碑是為了紀念督造高屏溪鐵橋，而積勞成疾過世的飯田豐二技師。他是日本的靜岡縣人，於明治30年（1897年）任職台灣總督府技手；明治43年（1910年）升任技師，隔年奉命督造九曲堂至屏東的鐵路。然而這段鐵路的建設困難重重，尤其是高屏鐵橋更為艱鉅，飯田技師為此廢寢忘食而積勞成疾，於1913年

日據時代的下淡水溪橋（高屏溪橋）

1960年代換過鋼樑的高屏溪橋。洪致文／攝

目前，在舊橋旁已有一座雙線的新橋在使用。
洪致文／攝

1990年7月，舊高屏溪橋「原則上」被保存下來後，鋼
樑重新油漆時的「變色龍」精彩畫面。洪致文／攝

現在高屏溪橋上仍可見台鐵鋼樑廠的銘板。
洪致文／攝

日據時代的下淡水溪橋。（取自「台灣寫真大觀」）

6月病逝，享年僅40歲。為了紀念並表彰飯田技師這種為公忘私的精神，鐵道部技師小山三郎特別埋其遺墨，並於九曲堂站旁立了這座紀念碑，並銘曰：「為職忘軀，貽利於後；厥功厥名，庶幾不朽。」

這座與鐵路有關而又立於日據時代的碑，是目前台灣僅存的少數幾座之一；另一座也很有名，立於山線泰安站旁的是「台中線震災復興記念碑」。不過非常有趣的：這兩座碑的碑文都出自鐵道部技師小山三郎之手，他似乎頂喜歡在碑上留名的。而更值得玩味的是飯田技師記念碑用的是中文書寫的文言文，而地震記念碑用的卻是日文，似乎立碑者在欲達到的目的上有所差別；前者為教化一般識中國字的漢人，而後者為日本官式的紀念物。

這座飯田技師記念碑與舊高屏鐵橋一樣，一直完好地保存至今，雖然高屏鐵橋申請列為古蹟未成，但若再加上九曲堂站內的這個督造技師記念碑，卻不失為一處有著豐富內涵的鐵道歷史之旅。

高屏鐵橋目前的狀況尚佳，屏東縣府雖財源短絀，但仍儘可能1年重新油漆一遍。倒是與屏東線興築有著密切關連的飯田技師記念碑，卻一直隱沒在林間未有人聞問，且已部分毀損。如果說，我們保存鐵道文物的胸懷，能像保留桃園神社一樣地超越民族仇恨，則我們的文化保存觀念，也才能真正擠入先進國家之林。

飯田技師記念碑。洪致文／攝

記念碑碑文。洪致文／攝

台中線震災復興記念碑

台中線震災復興記念碑。洪致文／攝

震災記念碑的碑文。洪致文／攝

　　發生於昭和10年（1935年）4月21日清晨的「新竹、台中州大地震」，是許多寶島民眾迄今都心有餘悸的一次大地震。該次地震對於台中線（今稱山線）的毀損更是嚴重，真的只能用「橋樑倒、山洞塌」來形容。

　　這次地震後的復興工程，共花了3年的時間才把鐵路重修完成。為了紀念此一復建工程，當時的建設改良課長小山三郎，特立一砲彈狀的「台中線震災復興記念碑」於大安站（今泰安站）內，以做為永久的記錄。該碑的碑文大部分均完好保存著，只有少數幾個寫著「昭和」的字跡被人刻意敲掉破壞。其實此碑與路線旁的魚藤坪斷橋，都是老山線最有人文價值的景觀，台鐵不懂保存還要破壞，真是遺憾。

台北機廠之父——
速水和彥銅像與紀念碑

　　在台鐵台北機廠外的花園內，有一個齒輪狀的碑存在著。這個碑在日據時代，其實是爲了紀念台北鐵道工場由北門處遷移至松山今址的最大功臣——速水和彥而設的，無奈光復後被人由基座敲下，使得後人無法確知當時的情況。

　　不過，從台北機廠退休的鄭萬經先生，是位一生奉獻於此，從日據時代就從學徒一直做到最後副廠長退休的老員工。他一心惦念著這樣的銅像與紀念碑，不該爲世人所淡忘。因此他一面試著與日本速水技師的後代聯繫，一面又在倉庫中翻找出速水和彥技師的銅像與紀念碑，供奉於台北機廠的圖書室中。

　　該碑的碑文清楚記錄：速水和彥是京都帝國大學的畢業生，大正4年（1915年）開始任職於鐵道部，對於運轉人員教養規程的制定、車輛連結器的改良與空氣制動裝置的更新（由眞空軔機改爲自動氣軔裝置），都有卓越的貢獻。尤其是昭和10年（1935年）台北機廠由北門旁清代即開始使用的工廠，搬遷至今松山附近的規劃與執行，更是居功厥偉。

　　所以當時的運轉課、工作課人員一同於昭和11年（1936年）4月立此銅像與碑文在工廠之前，以傳後世。

　　亦曾任工作組長的鄭萬經，非常恭敬地稱速水和彥氏爲「台北機廠之父」，其內心以他爲榜樣之情也表露無疑。在鄭萬經的任內，他曾極力保存老瞭望車、貴賓車、臥車……以挽救鐵道文化財，但退休後卻被繼任者一一拆毀，也不力促局方保留，使他覺得相當遺憾。不過他盡力找出速水和彥的銅像與碑文後，一再地希望後人無論如何都要好好保存它。因爲這個碑，代表著的是台北機廠的一個精神；我們對他付出青春歲月給台灣的鐵道應同感敬意，怎能因爲狹隘的民族情感而刻意毀棄呢？台鐵目前最缺乏的，就是員工這般的敬業精神啊！

速水和彥氏的銅像。洪致文／攝

原來立著速水和彥銅像的基座。洪致文／攝

宜蘭線與縱貫鐵道的開通紀念繪葉書

　　近年來，郵市的活絡使得集郵、投資的人口暴增，郵局每有新郵發行，勢必引起一股搶購風。而郵局本著「鐵郵本一家」的情誼（清代台灣最早的火車票即以郵票代替），每當有鐵路開通(例如：南迴線通車)，或者慶祝週年（例如：中國鐵路百週年、阿里山鐵路80週年），都會發行相關紀念郵票或者明信片以共襄盛舉。

　　在台灣近代的歷史中，縱貫鐵路的開通，無疑是

一件非常重大的改變，因為自此之後，南北間的時間距離不再遙遠，台灣西部的島內物資運輸也更為便捷，連地域的區隔也變為不再那麼明顯；在整個台灣邁向現代化的過程中，縱貫鐵路的開通著實是個重要的轉捩點，而在這個歷史性的時刻，日據時代的台灣總督府發行了一張「台灣縱貫鐵道全通紀念」的繪葉書（明信片），為這一刻留下了永恆的紀念。

　　縱貫鐵路從明治29年（1896年）開始線路調查工

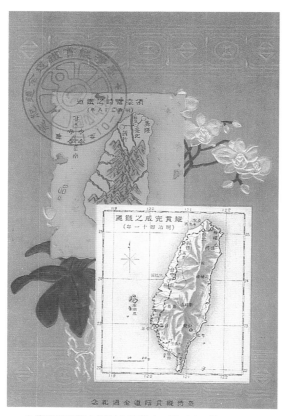

台灣縱貫鐵道全通紀念繪葉書。洪致文／藏

宜蘭線全通紀念繪葉書。洪致文／藏

台灣汽車博覽會紀念繪葉書。洪致文／藏

作，明治32年（1899年）著手施工，共耗費了2880萬圓，才在明治41年（1908年）4月全線通車。雖然說，縱貫線在同年的4月即已完工，但開通儀式卻因日本皇族有人過世而延至該年的10月24日才在台中公園舉行。

這張當時發行的開通紀念繪葉書，底是淺棕色，上下浮刻的圖案，呈菱形狀的「台」字爲台灣總督府的標誌；而外環橢圓內爲「工」字（鐵軌斷面類似「工」字）的，則可說是當年鐵道部的CIS（企業識別體）。它正面有兩幅地圖，一幅是代表清代所建的基隆、台北、新竹間鐵路；一幅是縱貫鐵路完成後，基隆至打狗（今高雄）外加淡水線、鳳山支線的新地圖。新舊並陳，綴上金葉銀花的裝飾，即構成這張紀念明信片的大概。

當然，就和今天郵迷集戳又重實寄的喜好一樣，當年鐵道部亦在會場設有臨時郵便局，並刻了一枚仿火車動輪的紀念戳，以加蓋在這張繪葉書上。這枚紀念戳設計簡單又富意義，較之後來一些刻著四不像火車的郵戳，實在是好太多了。

除此之外，大正13年（1924年）宜蘭線開通時，鐵道部也發行了紀念的繪葉書。只可惜，它的圖面設計不若縱貫鐵路開通那般美觀，僅有殖民意義甚濃的北白川宮征討紀念碑及草嶺隧道南口兩幅黑白照片置於其中，連紀念戳也與鐵道毫不相關。然而，縱使它的設計不若縱貫線通車時精美，但於今看來，它所富有的歷史紀念意義，卻同樣是不容置疑的！

尤其，在宜蘭線因雙軌化而多處改線不復原貌後的今天，這張草嶺隧道南口的相片，更是我們一窺早年宜蘭線隧道像貌的一個管道。或許，這就是如今流行以圖像建構現代歷史的一個實例，也是繪葉書（印風景的明信片）對保存台灣早年圖像歷史的重要「貢獻」。

對郵迷來說，這兩枚台灣鐵道史上重要的實寄明信片，或許是搜集鐵路專題的珍品；但對鐵道研究者或火車迷來說，它上面印著的圖片、紀念戳的意義，以及化刹那爲永恆的見證，恐怕更爲珍貴。這也難怪，交通大學鐵道研究會，往往會「代替」台鐵在重要的時候，例如：東勢線、東港線停駛，以及保安站重修保存⋯⋯等歷史性時刻，印製明信片以供郵迷、火車迷實寄或收集，因爲這樣的「傳統」，可是打從本世紀初縱貫線通車時就一直存在於台灣的啊！

【鐵道車輛篇】

台灣鐵道百年來出現過無數的鐵道車輛,有些意外地有豐富的資料留存,但有些卻是「歷史的謎團」。在本書中的這部分,我們儘量以較全面、完整的觀點,來介紹台灣鐵道的各形各式火車;搜羅的範圍,亦不只侷限在台鐵。基本上,各篇的分類係以車輛形態、營運上區分及動力演進上的分法來包容這些台灣的鐵道車輛。至於介紹上的偏重點,並不在車輛性能、機械結構上,而是強調這些火車的「存在」,以及給人們的「鐵道車輛印象」。

台灣早年糖業鐵道使用的內燃客車

東部幹線奔馳中的自強號柴聯車(大圖)

台鐵的蒸汽火車

在悠悠百年的台灣鐵道史中，蒸汽火車無疑的是早期最重要的火車主角，因此留下的相關資料、相片記錄，也就格外地豐富。

台灣鐵路在清領時代，就在劉銘傳的主政之下，購入了2輛德國Hohenzollern廠製造的2軸蒸汽機車。1號命名為騰雲號，2號則稱做御風號；後者在廢車後解體消失，但前者卻很幸運地被保存在台北新公園之內供人參觀。

清朝時代的台灣鐵路，除了這2輛車外，還有6輛由英國Hawthorn Leslie廠所製造的馬鞍型火車頭。3號～5號於1889年出廠，6號～8號1893年出廠，後面的3輛亦分別取有名字，6號為掣電、7號為超塵、8號為攝景。最後的這輛8號，在1931年廢車後，由鐵道部讓渡給大日本製糖的虎尾、斗南線使用，直到光復初期依然健在。

日本在1895年領有台灣之後，除了積極復舊清朝時代的鐵路，亦開始大興土木建設縱貫鐵路及淡水線。因此在蒸汽機車不足的情況下，由日本送來了4輛的10號型軸配置0-6-0蒸汽車(1899年時1輛配屬南部線，做為縱貫線工事用)；另外亦在1899年入籍4輛原為台灣鐵道會社所訂購的美國Baldwin廠軸配置2-4-2之14號型蒸汽車，其中1輛17號很幸運活到光復之後，獲得了BK1號的形式稱呼。明治32年（1899年）的機關車配屬記錄，該型車有2輛在縱貫線的南部線，做為工程列車牽引之用。

明治34年(1901年)，台灣鐵道史上使用過最古老的蒸汽機車，英國Avonside廠製造的9號由日本渡海來台，配屬在南部線使用，廢車後保存在台北新公園內迄今。

以上的這些蒸汽機車，可以說是台鐵建設時代的黎明期火車頭。當時世界各國的蒸汽機車發展，有一個極有趣的現象，那即是若某一款的設計性能十分優越，各國的製造廠便會以此規範，去製作類似的火車頭。這也就造成了編在同一型式項下的火車，製造廠、製造國可能不同的情況。

1901年，台鐵開始引進了光復後的BK10型蒸汽機車。它們曾被稱做18號型及B33型，於1901～1908年間分批入籍台鐵。製造廠有英國的Stephenson及Nasmyth Wilson，與日本的汽車會社。

汽車會社是日本的火車製造廠家，與台鐵的關係十分密切，從日據時代的鐵道部以迄光復後的鐵路局，都極為愛用該廠的產品，而且不只蒸汽機車，台鐵的許多客車、貨車，也是由汽車會社所製造。

明治29年(1896年)，也就是日本領有台灣的一年之後，汽車製造合資會社由有日本國鐵之父稱號的井上勝，於退休後在大阪市創立，是日本最初的民間鐵道車輛製造廠商。1912年株式會社化，改稱「汽車製造株式會社」，直到1972年被川崎重工所併購而消失。

該會社所生產的製番1號蒸汽火車，原本計劃渡海來台灣交給鐵道部使用，但不幸在1901年10月初的鶴彥丸船難事件中，永沈海底而未踏上台灣島一步。不過，同時製造的製番2號二動軸蒸汽車，則在1902年度安全抵台，編為30號，光復後改稱為BK22號。

汽車會社所製造的蒸汽火車、客車、貨車在台灣的數量頗多，連它所製造的橋樑用鋼樑亦不時可見。1970年，也就是該會社被川崎重工併購之前，台鐵還向它買了50輛的15V2000型通風車，可見台鐵自始至終，都是汽車會社的愛用者。

光復後的BK10型，是台鐵用來相當順手，且極為喜歡的一款蒸汽機車，部分還曾轉賣給台北鐵道會社

嘉義扇形車庫還未拆時，其內保存的蒸汽機車。洪致文／攝

DT591號（DT580型）。內灣線　古仁榮／攝

DT593號（DT580型）。合興站　古仁榮／攝

疾走！CT270型。　古仁榮／攝

DT673號（DT650型）。內灣線　古仁榮／攝

單機運轉的CT270型。　古仁榮／攝

內灣線上的DT650型。　古仁榮／攝

DT650型。內灣線　古仁榮／攝

的新店線使用，光復後才又賣回給鐵路局。

　　1905年，鐵道部為了克服山線千分之二十五大坡度對舊有機關車造成牽引力不足的困難，以此區間的特殊要求，向汽車會社注文製造了光復後稱CK50型的50型（又稱C35型）軸配置2-6-2蒸汽機車。直到1912年為止，鐵道部一共入籍了14輛的該型車。

　　1905年，日本陸軍省為了日俄戰爭向美國Baldwin購進了50輛軸配置2-8-0的煤水車式強力蒸汽火車；但當這批車陸續完工送至日本要轉往中國大陸時，日本方面已獲得大勝利而無用武之地，其中3輛乃送到台灣使用。它們最初編為60型的60號～62號，但隨著50型的大量增備，順號編下去的結果會重級，乃在1911年改番號為120型的120～122號，為台鐵煤水車式蒸汽車之祖。

　　1908年及1909年，鐵道部又向英國的North British廠買了4輛的70型軸配置4-4-0煤水車式蒸汽機車。它們的造型優雅，曾在裕仁皇太子視察台灣時，當做御召列車的牽引機車使用，光復後改稱為BT40型。

　　1908年，鐵道部從改為標準軌的中國大陸東北南滿洲鐵道入手了光復後稱CK80型的80型軸配置0-6-2蒸汽車。該型火車台鐵到1911年為止，一共入手了15輛，製造年在1902年～1905年之間。他們在日本被稱為B6型，國內較多鐵道迷在玩的N-Scale鐵道模型，便有一款由日本河合商會所生產的B6模型，可以改造為台灣的CK80型來玩。

　　1908年，台鐵很奇怪地入手了1輛的美國ALCO製軸配置2-6-0蒸汽車，編為100型（又稱C41型，1938年度報廢）；1910年度與1911年度，鐵道部又增備了110型的美國ALCO製軸配置2-6-0煤水車式蒸汽機車。

　　1912年～1913年，台鐵首度向美國ALCO又購進了4輛大型的急行列車用200型機關車。它們的軸配置為4-6-2，光復後稱為CT240型。

　　1915年～1919年，鐵道部為了克服山線苗栗、台中間的大坡度，乃以日本國鐵的4110型為藍本，向汽車會社購買了11輛的五動軸300型強力蒸汽車，光復後改稱為EK900型。1916年及1919年，鐵道部繼續又向汽車會社買了8輛的400型蒸汽車，光復後改稱做CK100型。

　　大正8年（1919年）度，台鐵開始買進了日本所生產的標準型蒸汽機車。由500型（日本國鐵8620型，光復後的CT150型）開始，以迄終戰，台鐵還入手了800

電氣化之後，仍放在新竹機務段的蒸汽車。洪達雄／攝

日據時代500型（530號），光復後之CT150型。

日據時代800型（806號），光復後之DT580型。

日據時代的200型（203號），光復後之CT240型。

型（日本國鐵9600型，光復後DT580型）及更改形式稱呼後，與日本國鐵稱法相同的C55型（光復後的CT250型）、C57型（光復後的CT270型）、C12型（光復後的CK120型）及D51型（光復後的DT650型）。

　　在1919年之前的台鐵，多向歐美買蒸汽機車來使用，若是向日本本土購買，則多買汽車會社的製品。但在1919年之後，日本的標準機型大量引進台灣，日本的各大火車製造廠商，像是日立、日車、三菱、川崎便也都有火車賣到台鐵來，不再由汽車會社一枝獨秀。

　　不過，在這段日本造蒸汽火車充斥台灣鐵路的初期，台鐵曾要向日本買大正時代相當出名的9600型，但卻因各會社忙著生產鐵道省注文要的大量蒸汽車，而無暇替台鐵造車。於是鐵道部以9600型為藍本，轉向美國ALCO購買了600型的蒸汽機車，於1920年～1921年度一共入籍了14輛，光復後稱為DT560型，是日據中後期，較為奇怪的一批車。

　　在台鐵所有納入蒸汽車的歷史中，上述的這些車都屬於主流派，不像一些買收車輛數極少，用的時間亦不長。日據時代，台鐵在1927年向台灣電力會社買收集集線鐵路時，曾同時入籍了該鐵道上使用的4輛

1920年美國ALCO製軸配置0-8-0的蒸汽車，編為40型（後來的D34型）；以及1923年德國Koppel製軸配置0-6-0，編號45型（後來的C33型）的2輛蒸汽火車。它們在1938年全遭廢車命運並未留至光復。

　　另外，1929年台鐵亦在買收台陽礦業平溪線的同時，入籍了2輛1921年日本車輛製的軸配置0-6-0蒸汽機車，編為48型（後來的C34型），它們亦全在1938年時除籍。

　　光復後，接收時的統計，鐵道部一共留下了超過200輛的蒸汽機車，不過其中有許多被美軍轟炸而毀損，再加上料件不足、車禍損傷的影響，光復初期至少有三分之一到二分之一的蒸汽車是處於無法使用的狀態。當時的接收，亦同時入籍了5輛原屬海軍的C50型車，後來改稱為CT230型，與日本國鐵的C50型相同；另外，亦接收了2輛原新高港（台中港）建設工程使用的德國Henschel廠製4動軸蒸汽車，編為DK500型。

　　民國38年，日據時代原由台北鐵道會社經營的新店線被台鐵買收，所屬的機車亦同入籍台鐵，原1號與2號編為CK2型的CK2號與CK3號；原3號是先前由台陽礦業賣到鐵道部，然後再由鐵道部賣到新店線的

台北機務段內的「投炭練習場」。

廢棄在苗栗的「投炭練習場」。洪致文／攝

機車；這下又再賣回給鐵路局，編為CK4型的CK4號；5號則改編入CK5型的CK5號；至於6號、7號因原本就屬鐵道部的B33型，所以再次入籍台鐵後，便順利編入BK10型的項下。

新店線的這些車，在台鐵的狀況除了BK10型的外均不佳，所以只使用了1949與1950年，1951年的統計便已全部除籍。

此外，台鐵在戰後亦接收了1輛原編為3號的三動軸蒸汽車，編為CK110型的CK111號。該輛車可能是汽車會社所製造，原屬總督府土木局，全長5.7公尺，高2.86公尺，寬2.35公尺，總重不明，同樣在1951年就因除籍而消失。

台鐵在戰後，曾又入手了一批日據時代鐵道部就已發注，但未送抵台灣的D51型5輛。它們曾編入日本國鐵的D51型號碼中，在日本的土地上奔馳。1951年，台鐵以美援資助又向日本買了5輛的D51型蒸汽機車，不過它們無緣掛D51型的形式稱呼，因為台鐵已在1949年將其改為DT650型。此外，1953年台鐵同樣以美援名義，買進了8輛的CT270型，與日據時的C57型相同。

台鐵在買了這最後的CT270型8輛車之後，開始朝動力柴油化的目標邁進；柴電機車引進以後，蒸汽火車便開始一步一步地除籍、報廢、解體。

1979年7月西部縱貫線電氣化完工，台鐵隨即於8月訂頒了「保管備用蒸汽機車整備及保管須知」，為了戰備上的考量，共留了55輛最菁華的蒸汽火車。這些車以CT250型、CT270型與DT650型為主，每3個月應輪流昇火一循環（一循環的天數CT250型10天，CT270型7天，DT650型6天），儘量將它們保持在可動狀態。

為了要使它們隨時可動，台鐵規定這些備用機車在停用前必需洗爐，再以酪酸鹽溶解後注入鍋爐內。鍋爐在使用5循環之後，還得施行「水壓試驗」。

這批保存蒸汽機車在1982年時報廢了17輛，其中包括了CT250型全部的9輛。剩下的38輛（含CT270型全部14輛及DT650型24輛），一直留到1983年的2月28日被公告報廢，台鐵的蒸汽火車自此正式步下舞台，只殘存幾輛做為展示、保存之用。

台鐵蒸汽機車圖選

車號 1　蒸汽機車（騰雲號）

洪致文／攝

　　在台北新公園內，目前保存了2輛的骨董蒸汽火車，其中編號1號的騰雲號機關車是德國HOHEN-ZOLLERN廠於1887年製造出廠，製番445。

　　它的煙囪原本是圓筒形的，後來因為未熄的煤灰極易四散，因此在明治39年（1906年）改為今天的「鑽石形」。它於大正13年（1924年）報廢，因屬台灣第1號蒸汽機關車，意義非凡，故列為鐵道紀念物保存於今新公園之中。台灣鐵路100週年(1987年)的展覽時，台鐵曾派人徹底維修了一次，將一些諸如連結器的「被竊物」給重新裝上而成今貌，整體的保存狀況並不佳。

車號1

車號 9　　蒸汽機車（現存最古老的蒸汽火車）

洪致文／攝

　　台鐵如今保存中的蒸汽火車，在台灣待最久的當屬騰雲號，不過年紀最大、最古老的則非9號機關車莫屬。

　　它於1871年由英國的AVONSIDE廠所生產，前有一導輪，另有動輪兩軸，軸配置為1B，總重24.38噸。

明治初年日本新橋、橫濱間鐵道開業時便已在籍，車號為7號。明治34年（1901年）從日本渡海來台，大正14年（1925年）廢車，因在日本鐵道或台灣鐵路的歷史當中，它都極為珍貴，所以並沒有被解體，而與騰雲號一樣送入今天的新公園中保存並公開展示。

車號9

車號 16　　B31型蒸汽車

洪致文／攝

　　這型車的相片極少，《台灣鐵道史》當中一張它行駛於二層行溪（今二仁溪）上的遠景照片為其代表。近年來，很意外在《台北機關庫乘務員會五週年紀念》一書中，又出土了一張16號的形式寫真，可說珍貴異常！

　　這型車是胎死腹中的「台灣鐵道會社」籌備時期

訂購的火車，後來由總督府買收，編入鐵道部的車籍，稱為14號型或B31型。當時，一共購入了4輛，編號從14號到17號，於1899年出廠，美國Baldwin廠製造。軸配置1B1，總重36.63噸。光復後尚存的1輛為17號，民國38年初更改編號時，獲得了BK1號的「榮銜」，不過在1960年之前便被報廢解體消失。

車號16

車號 BK24　BK10型蒸汽機車

洪達雄／攝

如今保存在成大校園內的BK24號，是台鐵BK10型蒸汽火車存世的唯一1輛。此型火車的製造廠，有英國的Nasmyth Wilson及Stephenson、日本的汽車會社，出廠年代在1901至1908年之間。它在日據時代被稱做18號型（又叫B33型），軸配置1B1。BK24號為日據時的32號，乃日本汽車會社製造的3輛同型車中的1輛（其餘2輛為30及31號），運轉整備重35噸，是日本汽車會社製番第19號的火車，於明治37年（1904年）出廠，隔年入籍台鐵。

車號 121　120型蒸汽機車（台鐵最初的煤水車式蒸汽火車）

早年的蒸汽機關車，由於行駛路線不長，所需搭載的煤水不用太多，因此多為水櫃式（Tank）的設計。後來鐵道越築越長，煤水的需要量變大，乃有增掛一節煤水車的Tender式火車出現。台灣早期的蒸汽火車不用說當然多是水櫃式的，煤水車式的始祖，即為1905年美國Baldwin廠製造的120型。

這款車的購入還有一段曲折的故事。原來，它是日本為了在中國東北的日俄戰爭，而向美國購買要在野戰鐵道上行駛的火車。日本一共訂購了50輛，編號由800到849，稱做800型，於明治38年（1905年）8月至12月間陸續出廠。

可是，就在它們被製造出了之後，日俄戰爭日本已經要贏了，這批車也就沒有全部投入戰場的價值，於是只送了30輛到中國東北，3輛到台灣，其餘的就到日本去。1906年，它們入籍台鐵，編號為60至62號，稱60號型。後來，因為增購的50號型有14輛之多，會

用到它的編號，於是在1911年被改為120型，編號從120至122號。

它一共有4個動軸，前面還有一導輪，運轉整備後前部重47.69噸，後面煤水車重27.12噸。入籍最初配屬於苗栗機關庫，之後不是在苗栗便是在台北。昭和2年（1927年）2輛停用，只剩1輛能動。直到1929年3輛全部停用，1933年之前全遭解體而消失。與日本的同一批兄弟車相比，實在是英年早逝，因為沒到中國東北而去了日本的那幾輛車，後來被編為9200型，有2輛在戰後被轉賣到北海道的炭礦鐵道，一直活到1964年才遭報廢解體。

雖然日本的兄弟車多活了30多年，但終究難逃被拆的命運。台灣煤水車式蒸汽火車的始祖，或許就註定無法永存後世，只能留在照片中供人憑弔而無法再復活了。

車號121

形式 CT240　蒸汽機車（台灣帝國鐵道的蒸汽車代表）

　　一般來說，蒸汽火車的外衣幾乎是滿身黑，僅少數部位塗上各種顏色（紅、白為主）來點綴點綴。光復後一段時期，煤水車上曾塗著台鐵的標誌，此外就少有「黑頭仔」妝扮得光鮮亮麗。不過，台灣鐵道上卻有一型車例外，它的煤水車上，居然還用英文寫著「台灣帝國鐵道」，真是令人意外。

　　這款美國造的蒸汽火車，日據時代的鐵道部編為200型（又稱C92型），是台灣第一代大型的旅客列車用蒸汽車。明治45年（1912年）前3輛首先抵台，隔年又增備了1輛，台灣一共就只有4輛而已。

　　它們是美國的ALCO公司所製造，有3個大動輪（軸配置2C1），一來台灣，便投入急行列車的第一線牽引工作。

　　它在日本的編號8900同型兄弟車一共有36輛之多，然而因為後進的新銳機種不斷出來，日本在昭和初年就已全部報廢。然而台灣的這4輛卻很幸運，一直用到光復後還健在，並且改號碼為CT240型，一直用到民國57年2月27日被台鐵公告廢車，而後解體以致1輛不存。

　　這型車在台灣用沒多久後，雖然就被穿上「黑色大衣」，與一般黑頭仔無異，然而它剛引進之時的塗裝，卻一直為後人所稱道。它車輪輪框以白色為主，各種點綴的線條極多，原裝進口的煤水車（日本的兄弟車為日本自製）上寫著IMPERIAL TAIWAN RAILWAY（台灣帝國鐵道），於今看來真是極端悚動與驚人。恐怕不少人看了之後，真的會「抓狂」！

　　不過，這一切都已成過去，因為這4輛車早已報廢解體多年，只能從相片中去遙想過去種種。當一切都已成陳跡的今天，我們是否能用平常心去看待它那煤水車上的「烙印」？

1966年時置於台北機務段，當作吊車練習用的CT244號。杉行夫／攝

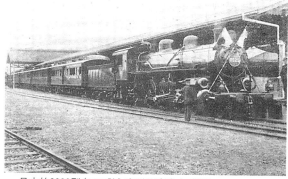

日本的8900型（8925號）牽引昭憲皇太后靈柩的列車。
洪致文／藏

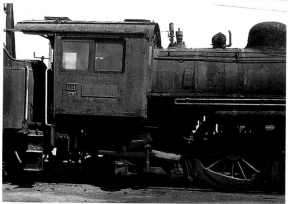

CT244號。杉行夫／攝

車號 CK101 　CK100型蒸汽機車

洪致文／攝

在台鐵所擁有的眾多蒸汽火車當中，絕大部分都與日本國鐵的一些主要機種有關（有些完全相同，有些為了適應台灣氣候而局部修改），少數歐美車或日本國鐵沒有的蒸汽車，自然成為稀有的珍品。而其中如果有能幸運留存到今天，那勢必是個不可多得的寶。

台鐵目前依然保存著的CK101號蒸汽火車，便是這樣的1輛。這款車在日據時代稱為400型，編號從400到407，一共有8輛，又叫做C44型。日本國鐵並無同型車，只有常總鐵道有2輛與它極為神似。

台鐵的這8輛車為汽車會社所製造，大正6年度（1917年）前4輛首先入籍，後4輛則在1919年才納入。二次大戰後全數存在，並改形式為CK100型，編號從CK101到108號，曾在平溪線上使用。

它一共有三動軸，前有一小導輪，後有一小隨輪，車軸配置為1C1型。整備後重48.78噸，曾因活動輕快靈敏，煤炭消耗量亦少而獲得好評。該型車全部8輛在民國63年12月1日被台鐵公告報廢，僅CK101號保留下來。

車號CK101

車號 DT561　　DT560型蒸汽機車

洪致文／攝

　　台鐵的DT560型蒸汽車，可說是日本9600型的美製翻版。它的軸配置與9600型完全一樣，均屬1D型，由美國的ALCO公司生產。

　　日據時代它被編為600型（又叫D96型），光復才改稱DT560型。DT561號是日據時的600號，1919年12月出廠，1920年5月和另外同時出廠的2輛一同抵台。該年7月又到著了4輛，再加上1921年度入籍的7輛，台鐵一共有同型車14輛。

　　光復後台鐵的運用上，都將其視同DT580型（日本9600型），不過好在保留時，這兩型不同國籍的兄弟車都各留了1輛，才沒有造成它1輛不存的遺憾。

車號DT561

609-613   微粉炭試驗車

　　日據時代的600型ALCO製蒸汽機關車，是台鐵歷史上，唯一試用過微粉炭的一型火車。

　　大正10年度（1921年）時，該型車的最後1輛613號，是裝設「微粉炭燃燒裝置」的第一輛車。微粉炭的粒子較小，燃燒較完全，所以當時的鐵道部才有此試驗計劃。之後到昭和2年(1927年)，大致上1年改造1輛，一共有609至613號5輛車改為微粉炭試驗車。

　　當時這批車全配屬在台北，因為只有台北機關庫才設有微粉炭工場來供應所需。然而，台灣氣候潮溼，微粉炭吸溼性極強，常會結成團，甚至影響到純度，終至造成一次爆發的事故，使得微粉炭試驗宣告失敗，這5輛車又陸續改造回原樣。

　　昭和2年度結束時，609至612號4輛改造完成，隔年僅存的613號也把此裝置拆除，微粉炭的試驗至此告一段落。

609-613號微粉炭試驗車。

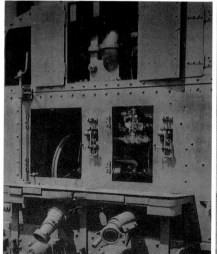

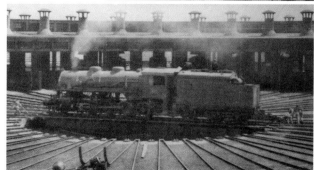

車號 DT609　DT580型蒸汽機車

洪致文／攝

　　台鐵光復後的DT580型蒸汽火車，日據時代的編號是800型（又叫D98型），設計上為貨物列車用的牽引機。其製造年在1922年至1928年間，一共有39輛，軸配置為1D，製造廠有汽車會社、川崎、日立、日車及三菱。其外形，和日本國鐵的9600型幾乎完全一樣。

　　現存的唯一一輛DT609號，日據時代編號為828號，係昭和4年度（1929年）購入，汽車會社所製造的蒸汽火車。台鐵的紀錄上，該輛車於民國68年8月14日公告報廢，但保留做為鐵道博物館展示車。後來被高雄市長吳敦義向當時省主席連戰「關說」而送給高雄市，現已送往左營蓮池潭展示。

保存在日本青梅鐵道公園的同型車，9600型的9608號。

DT609號

形式 CT250　台灣與日本同步使用的新銳蒸汽車

　　日據時期台灣大多數的蒸汽火車，從日本引進的年代都要比日本自身晚個幾年，不過C55型卻是例外。因為昭和10年（1935年）正好是日本領台40年，有一個「始政四十年博覽會」要隆重召開，鐵道部為了觀光客的運輸，乃在該年引進了5輛加入運輸陣容。隨後，1938年度又購入了4輛，總計台灣一共有該型車9輛，除了C555號為川崎製外，其餘均為三菱製。該型車光復後改形式為CT250型，全部9輛在民國71年10月4日公告報廢，現存CT251號（應為CT259號，被台鐵偷換號碼牌）在左營蓮池潭，CT259號（肯定不是真的CT259號）在台南體育公園。

日據時代C555號的形式照。

放在台南體育公園的冒牌CT259號。洪致文／攝

放在高雄港站時的CT251號（應為CT259號）。洪致文／攝

台南冒牌CT259號的煤水車轉向架。洪致文／攝

目前保存在京都梅小路博物館內的日本C55型第一輛C551號。洪致文／攝

形式 CT270　　蒸汽機車女王

　　在台灣曾經擁有的眾多蒸汽火車當中，客運列車牽引用的代表，當屬外號「蒸汽機關車女王」的CT270型了。

　　這款火車的身段極為優美，日據時代與日本國內一樣，用的都是C57型的編號。光復前台鐵一共有6輛，如今送到基隆情人湖公園內的CT271（原C571）號，便是昭和17年(1942年)最早購入的2輛日立製造者之一。

　　此外現存的另一輛CT273（原C573）號，也是日據時代便引進的「前朝遺老」。該輛車目前由台灣民俗村向台鐵承租，並加裝了「發煙裝置」，只要投入硬幣，便有煙從輪間、煙囪處冒出。這輛車的製造廠與CT271號不同，為川崎車輛製。

　　光復後，民國42年（1953年）台鐵又以美援的名義向日本購買了該型車8輛（日立製），是動力還未柴油化時，台灣鐵路上最風光的主力火車。這批美援購得的8輛車現存2輛，分別是二水站外的CT278號及宜蘭運動公園的CT284號。

　　這款姿態優美的蒸汽火車，在日本亦是「萬人迷」。日本國鐵第1輛復活行駛的蒸汽車，便是該型的第1輛C571號。她不僅把地方上的山口線名號打得響徹全國，也讓她自己成為蒸汽火車保存運動上，一個重要里程碑的見證。

　　台鐵的同型車在民國72年（1983年）2月28日被全數公告報廢，不過留下了4輛供後人憑弔。她們是台鐵最後一批報廢的蒸汽火車，因此可見其性能之優，也可說是台灣蒸汽火車史上的最後菁英。其在台灣的運轉時間，最長者約50年，最短者不過30年，和一些長命車比較起來雖然稍遜（尤其光復後才買的那幾輛），但卻是台鐵一些員工念念不忘的親密夥伴。有一段時間，她完全從日本鐵路上消失，使得日本鐵道迷要渡海來台灣追逐她的芳蹤；而今她在日本的姊妹又重新生龍活虎地四處「表演」，反倒是台灣的火車迷要出國才能看見那熟悉的身影了。

CT271號。洪致文／攝

CT281號真橫寫真。
古仁榮／攝

CT272號現役中的情形。古仁榮／攝

放在民俗村中的CT273號，會冒「假煙」。洪致文／攝

CT284號。洪致文／攝

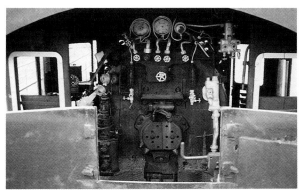

CT284號的駕駛室。洪致文／攝

車號 CK124　　CK120型蒸汽機車

CK124號仍放在新北投站時的情景。1988.8

台鐵的CK120型蒸汽火車，在日據時代稱做C12型，與日本國鐵的C12型大致相同，外觀上最大的差異，即是台灣的C12裝有集煙板。

日據時代鐵道部在昭和11年度（1936年）購入了該型車5輛，6年後的1942年，又購入了2輛，一共有7輛（編號C121～C127號），全部是日本車輛所製造。其中的CK124號，圖像紀錄非常豐富，在民國68年（1979年）6月2日報廢之後，為台鐵所保存並未解體。

在淡水線尚未停駛前，此輛車被送到新北投站存放，捷運開工後移往台鐵在新北投的員工訓練中心靜態展示。

後來CK124號被放到員工訓練中心內，並經一番整理後的情形。

車號 CT152   CT150型蒸汽機車

洪致文／攝

在日本有「大正時代名機」之稱的國鐵8620型，來到台灣之後，便被改稱為500型（又叫C95型），光復後改為CT150型，目前僅存CT152號1輛。

CT152號是日據時代的501號，屬第一批大正8年（1919年）首先購入的汽車會社製2輛之一，隔年鐵道部又一舉購入了15輛，1921年又買了8輛，此後一直到1928年，除了1923年無添購外，每年都有新車入籍，總計共買了43輛之多。因此型車在日本亦屬量產型旅客列車用車種，因此來台的這些車製造廠有汽車會社、川崎、日立、日本車輛及三菱，製造工廠雖不同，但

文藝季「內灣線的故事」舉辦時，在合興展出的CT152號。

規格大致類似，曾是急行列車的主力牽引機種。

CT152號於民國68年6月2日為台鐵所公告報廢，不過一直未解體而留存至今。

在台鐵的嘉義扇形車庫於1994年拆除後，CT152號蒸汽火車頓時失去了遮風避雨的場所。雖然台鐵早就將它列入未來火車博物館的保存列管車輛之內，而且彰化扇形車庫也已確定保留下來做為博物館之用；但是它仍在緩不濟急的保存動作中，一天過一天。

1995年5月底新竹縣文藝季「內灣線的故事」，台鐵很配合地將它從嘉義回送至合興（後又送至內灣），做為火車展覽的主角。

選擇它來參展，其實是非常刻意的安排。民國36年內灣線還只通至竹東之時，通車典禮上使用的512號蒸汽火車，正是與CT152號同型的車頭。當時由於剛光復，所以火車編號仍沿用日治時的500型，不過車身上掛滿國旗、彩帶的裝扮，很容易就給人「時代不同了」的感覺。

仍在嘉義時的CT152號。

台灣CT150型的日本同型車，8620型第一輛8620號。

形式 DT650型　　蒸汽機車

台灣在日據時代，昭和14年(1939年)度起，也進口了D51型。終戰的時候，台灣共有27輛該型蒸汽火車，編號和日本國內一樣，使用D51型的稱呼。不過在二次大戰結束之後，台灣又向日本訂購了該型火車，外加索回日據時期已經購買、但仍未運抵台灣的幾輛，使最後台灣共有D51型37輛之多。

其中因戰爭因素而未能如期運抵台灣的，據考證是後來的DT678到682號。當年它們流落日本時，據說曾被暫時編入國鐵的蒸汽火車陣容，行駛在關西線及九州的肥薩線等區間。不過，在「帳簿」上它們雖被國鐵編為D511162號至D511166號，但真正行駛時，掛的卻是台灣總督府鐵道部的預訂編號D5128至D5132號，使這幾輛車在日本出現「帳簿」與實際火車號碼不同，也與日本國內原有D51型「重號」的烏龍事件。

日本復活行駛的D51型。

仍在苗栗時的DT668號。   DT652號。

放在台南的DT652號。

被關在嘉義港口宮籠子裏的冒牌DT651號（應為DT654號）。

DT675號送至板橋時的情景。

不管是這幾輛二次大戰後才抵台灣，或是日據時代便開始使用的D51型，後來均被改稱為DT650型。民國72年2月底停用後，共有4輛留存下來。目前DT651號（據台鐵老師傅表示，此輛車車體應為DT654號，送去靜態展示時，被私下換成DT651號）在嘉義東石港口宮，DT652號在台南體育公園，DT668號在屏東縣體育公園，而DT675號則在台北縣立文化中心，全是靜態展示，沒有1輛能動態行駛。

停在台北扇形車庫前的蒸汽動車6號。

世界上僅存的一輛工藤式蒸汽動車——造於1912年的キハ6401號，目前被保存在日本的明治村之中，並被列為「鐵道紀念物」加以保護。

會冒煙的客車—蒸汽動車

今天如果您到支線鐵路去坐火車，很容易便能看到一些外形像客車、內部可以載人，但又自己會跑的火車，我們就以「自走客車」來稱呼它。當然，如今的自走客車多以柴油內燃機為動力；但在早年，用的可是和蒸汽火車一樣的蒸汽機呢！它的名字，就叫「蒸汽動車」。

這種火車的外觀可說是個極端奇怪的「異形」。在遠處看，它與一般雙層車頂的木造客車並無大異；但一近看，卻又相差頗大。它車身的前半節，屬於「機關室」，裝了蒸汽鍋爐……等蒸汽火車該有的裝備，並且把會冒煙的煙囪裝到了車頂之上，跑起來就像是個失火的客車獨自兒在向前衝。

在台鐵的歷史中，曾有這樣的蒸汽動車6輛的紀錄。大正4年（1915年）首度購入了3輛，稱之為「三等汽動車」，行駛於淡水線的北門至北投之間。大正5年續購入了2輛，大正10年又再添購1輛，總計有6輛的這種怪車在台灣的鐵路上奔馳過。

它的總重有24.1噸，只有機關室一側的輪子為動輪，直徑有864公厘，車上座位共可坐72人，編號為1至6號，是日本汽車會社所製造，稱之為「工藤式蒸汽動車」的稀有火車。

昭和5年（1930年），這6輛「三等汽動車」改名為「三等蒸汽機動車」，以與此時購入的汽油車有所分別。昭和9年11月，這6輛車全數遭到了停用的命運，並於隔年全部報廢，但其中卻有2輛被賣到了台北鐵道會社所經營的新店線使用，一直存活到光復以後。

這2輛幸運留存的蒸汽動車，在民國38年新店線被台鐵收購後，被編為SM9300型，稱為9301與9302號。民國39年4月，又改稱ST11與ST12號，用沒多久，就真正解體報廢而屍骨無存了。

這種蒸汽機車與木造客車的混合體火車，在台灣僅留存相片供後人追憶；而日本，也只剩下唯一的一輛被保存在名古屋的明治村內，供遊客參觀。日本政府為了表示對它的重視，還特別列入「鐵道紀念物」加以保存，可見它的價值非凡呢！

台鐵最後健在的「蒸汽火車」！
——65噸蒸汽大吊車

有台灣鐵路蒸汽火車時代最後見證之稱的彰化扇形車庫，是近年來產業文化資產保存上的一大議題。不少人對於這幢車庫若設立成蒸汽火車博物館，台鐵還有多少老火車可秀給國人，甚至動態表演感到懷疑。事實上，彰化機務段裏還有一輛國寶級的蒸汽火車，至今仍一直保持在能動狀態，其機械之精密結構，在全世界以蒸汽為動力的火車當中，大概只有類似阿里山林鐵的直立汽缸蒸汽火車差可比擬。它，就是全台僅存的「蒸汽大吊車」。

彰化機務段的這輛蒸汽大吊車，一般都停在扇形車庫的外面，連接於一列彰化機務搶修隊的救險列車

當中。只要機務段掌管的範圍內有火車事故發生，而且需要用到吊車，那麼這輛國寶級的骨董火車便會緊急披掛上陣。

1995年1月25日當天，一輛E204號的電力機車在海線發生燒軸現象，必需用到大吊車吊起車頭，於轉向架下方裝入一個俗稱「溜冰鞋」的二軸小輪車方便迴送，因此這輛蒸汽大吊車很意外地在春節前表演了一場氣勢磅礡的火車盛宴，令在場的每一位「觀眾」都不得不讚歎它的偉大。

這輛蒸汽大吊車是由日本的日立公司在1950年所生產，可說是蒸汽火車製造技術最巔峰的後期代表作。

堪稱國寶級的蒸汽大吊車。洪致文／攝

工作人員在固定吊車底盤。洪致文／攝

它那車身上密佈的鉚釘，正是當時鋼鐵美學最引人入勝之處。在宮崎駿卡通動畫裏的飛船，您也能見到這般的強調特徵。

由於發生燒軸事件的位置在海線，該處沒有適當的地點可供吊車作業，所以搶修隊的人員將電力機車送到竹南站後方的最後一股道，才展開搶修工作。

當火車都停放在定位之後，以彰化機務段修繕股為班底的十多位員工，熟練地操作起這輛台鐵最後以蒸汽為動力的火車。他們首先把附隨於其後的煤水車的水，注入吊車的大鍋爐中。這輛二軸煤水車可裝水10公噸、煤2公噸，不過在蒸汽吊車改以柴油鍋爐來燒水後，它便不需要載煤。

當工作人員「鑽」入吊車的內部，開啟柴油鍋爐來燒水，等到蒸汽壓力足夠之後，蒸汽大吊車便在陣陣白煙的烘托下甦醒了。

這輛蒸汽大吊車的汽缸裸置於左右兩側，滾轉的飛輪一前一後地快速動作著，不時還噴出氣勢磅礴的白煙。整輛車的各種運動，完全以此為動力，透過大大小小各種不同方向、角度的齒輪，做出令人嘆為觀止的動作。不管是旋轉、升降吊臂，它那精巧滾轉的細密零件，都表現出不可思議的機械美。

您可千萬不要小看了它那單薄的六軸車輪，以為

蒸汽吊車的飛輪。洪致文／攝

蒸汽吊車後跟隨的煤水車。洪致文／攝

它一定要由火車頭才能牽著走。它透過齒輪的帶動，可以完全以蒸汽為動力自己緩慢移動。等它慢慢移到燒軸的電車前，工作人員就要開始做固定吊車底盤的工作。

他們首先把吊車前後共四個類似吸盤的「大腳」張開，下面墊好幾層的枕木，讓根基穩固。然後，再把四條鐵鍊連接的「鐵手爪」緊緊咬住前後的鐵軌，才放下重錘，以鋼纜勾住電車連結器吊起車身、裝入小輪，完成搶修任務。

整個過程，由下午2點半一直到大約4點才全部完成，但工作還沒有完呢！整列搶修車（包括蒸汽大吊車)加上待修的電力機車，以限速每小時25公里的「烏龜速度」慢慢循海線「爬」回彰化，他們還要加緊搶修，好讓這輛故障車能趕上春節運輸出去牽引列車呢！

與台鐵其它以柴油為動力的吊車來和它相比，類似恐龍外型的蒸汽大吊車確實是較不符合經濟效益。但它在產業文化財方面的價值，卻絕對堪稱國寶。

台鐵一直擔心彰化的扇形車庫若保留下來，會沒有「節目」可以吸引國人參觀，其實這輛能動的蒸汽大吊車，就是最好的動態表演主角。只要它緩緩開上大轉盤，360度旋轉1圈，再拉起吊臂升升降降，絕對比世界其他國家所看得到的扇形車庫蒸汽車館要吸引人，或許還能在全世界的鐵道保存中闖出名號呢！

輕便鐵道蒸汽機車

在南投嘟嘟樂園內行駛的原斗六糖廠376號。 洪致文／攝

◈製糖會社蒸汽機車

台灣在日據時代各製糖會社的鐵道，因所屬的不同，所以購車的政策上略有出入。不過整體來講，在1920年之前以買歐美的蒸汽機車為主，1920年之後，才陸續購進了日本及台灣製的機關車，光復以後則以比利時做的車為大宗，另也買進了一些台灣本土的台機製車輛。

1907年，台灣製糖會社橋仔頭工場專用線開通之際，登場的3輛蒸汽火車，均為美國Porter所製造。1號與2號為10噸級二動軸車。3號為13噸級三動軸車，水槽均為馬鞍形。

1907年，美國Baldwin製造的二動軸蒸汽機車，首度由大日本製糖引進，是為該會社的1號與2號機。它們係屬8噸級的蒸汽車，車身上還寫著DAI NIPPON SEITO（大日本製糖）的英文；同時購入的還有編為3號與4號的10噸級2輛。

在此明治末期、大正初年的台灣糖業鐵道黎明期，各製糖會社還曾購入了英國的Barclay製機車，以及Avonside製機車；與德國的Henschel廠、Koppel廠…製蒸汽火車。美國的ALCO，據記載亦有製品為台灣的製糖會社買入。

1920年代開始，日本製的蒸汽機車大量為各製糖會社所導入。在此之前，僅川崎製的蒸汽車曾被較廣泛地引進。1921年，日本車輛的製品首度被新高製糖所購進使用；另外賣到台灣的日本製蒸汽車，還有雨宮製作所、本江機械、丸山作所…的產品。現存於鹿港某民俗館中的604號，即是大正9年（1920年）雨宮製作的製品。以它604的車號來看，應附有煤水車才對，不過現今的保存狀況，卻已不見煤水車蹤跡。

另外，保存在南靖糖廠，仍高掛著舊編號的三動

日本雨宮製，原屬岸內糖廠的604號。洪致文／攝

軸蒸汽車，則為1938年日本本江機械的製品，於1978年停用後，靜態陳列於該廠。

在台灣糖業鐵道的歷史上，台灣本土的「台灣鐵工所」，是一家相當重要的工場。1913年，以製造製糖用機械為主的田中機械製作所在日本大阪成立，1919年該會社在台灣的高雄設立了株式會社台灣鐵工所，於台北及高雄設有工場，從事製糖用機械及輕便鐵道蒸汽機車、台鐵貨車、林場用蒸汽集材機…等機械的生產。

該廠所造的蒸汽機車，於日據後期活躍於台灣的糖業鐵道上。它們外形，以裝煤部分的傾斜線條為最大特色。戰前的駕駛室前後端，大多裝設圓形車窗。

光復後的1946年4月，台灣鐵工所與日據時由三井重工所投資的台灣船渠株式會社合併為台灣機械造船有限公司。1948年3月，則又分成台灣機械公司與台灣造船公司；前者於此時，仍在製造輕便鐵道用的蒸汽機車，給糖鐵或林鐵使用。

1948年，台糖向比利時購買了數十輛的三動軸蒸汽機車，是目前靜態保存數量最多，日本、台灣都留有不少的一款蒸汽火車。

台糖的蒸汽火車在全盛時期，曾高達370輛(1952年)，其他時候，則至少維持在200輛上下。不過，在內燃機車陸續引進之後，1960年開始，糖鐵的蒸汽車逐漸減少，在1980年代正式功成身退，僅留少數在遊樂園內的保存車，還能夠昇火運轉。

❖森林鐵道的蒸汽機車

台灣的三大林場──阿里山林場、太平山林場及八仙山林場，都有頗為可觀的森林鐵道存在，自然也就少不了有蒸汽火車。

阿里山森林鐵路在建設初期，便曾購入美國

台灣鐵工所製382號。洪致文／攝

仍掛舊編號的南靖糖廠本江機械製機車。洪致文／攝

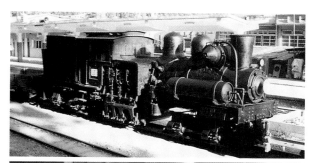

LIMA公司1907年製的13噸級直立汽缸蒸汽火車，做為工程列車牽引之用。不過它當時並未有真正的編號，後來又經曲折的買賣過程，才落腳在日本的魚梁瀨森林鐵道當1號機使用。

　　阿里山林鐵真正的1號與2號機車，是1911年（一說1910年）英國Barclay廠製的蒸汽車；3號則是1914年日本川崎製的火車。上述3輛蒸汽機車，均使用在平地線，不適宜爬山。

　　阿里山林鐵真正的登山火車，應以美國LIMA公司設計的18噸級與28噸級直立汽缸蒸汽火車為代表。18噸級的在平地線與林場裏使用，有2個直立汽缸，於1910年至1913年間，共入籍了11～18號8輛。28噸級在登山本線使用，共有3個直立汽缸，1912年至1917年間，共入手了12輛。最後1輛全檢出廠的26號，是阿里山林鐵最後能動的蒸汽火車。

阿里山林鐵的直立汽缸蒸汽火車，是台灣林鐵中最有人氣者。洪致文／攝

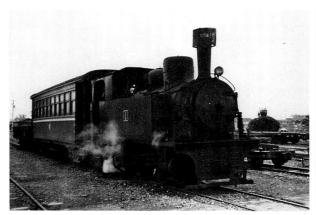

現役時的羅東林鐵 1 號。古仁榮／攝　　　　　　　　　　羅東林鐵 2 號。洪致文／攝

車庫燒毀後露天棄置的羅東林鐵蒸汽車群。洪致文
／攝　　　　　　　　　　　　　　　　羅東林鐵 5 號。洪致文／攝

竹林站旁車庫尚未燒毀時置於其內的蒸汽車（最近者為12號）。洪致文／攝

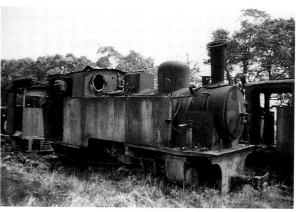

羅東林鐵15號。洪致文／攝

　　位於羅東的太平山林鐵羅東線，則在1926年向日本車輛購進了製番99、100、101號的三動軸1號～3號蒸汽車。其中1號因性能較差而早早停用，在3號機發生一次翻落的大車禍後，3號與1號合併成一輛蒸汽車，車牌雖掛1號，但製番卻為101號，現保存於仁澤溫泉。至於兄弟車2號，則放在羅東的公園裏靜態展示。

　　羅東林鐵的5號機車，是1911年英國Barclay製的蒸汽車，係由阿里山林鐵於1933年轉送而來。目前保存在花蓮池南森林遊樂區內的羅東林鐵5號車（此車確曾在展示之初掛上5號的車號），究竟是否就是這一輛，就有待再調查了。因為，它現在的狀況，與早年在阿里山的情形不大相同，可能早被大改造過。

　　根據古仁榮先生的調查，6號蒸汽車係大正3年(1914年)川崎所製的13噸級蒸汽車；7號同樣為13噸級，但來歷不明。它們有可能不是新造車，而是二手的中古機，後期已不見蹤影。

　　至於8號與9號，是1941年川崎製的15噸級蒸汽車，為該鐵道日據時代最後納入的蒸汽機車。光復後1948年入手的11號，則是前身為台灣鐵工所的台機製品。和日據時代同廠的產品比較，裝煤部分的傾斜設計依然維持，不過水槽則不再和駕駛室溶接在一起，而有分開的線條出現。12號、13號與15號從外形上來看，有可能為八仙山林鐵，日據時代台中輕鐵株式會社豐原、土牛線在1960年停駛後，轉送至羅東林鐵使用者。如今，羅東林鐵的1號、2號、5號、8號、9號、11號、12號與15號都仍存在；至於傳說中曾入線的阿里山直立汽缸蒸汽車(編入羅東林鐵14號)，究竟是那一輛就不得而知了。

　　除了這三大林場的林鐵蒸汽車外，東部的林田山林場，亦有15噸級蒸汽車在籍的記錄，專門用來行駛萬榮到森榮近2.7公里的萬森線鐵路。

台北鐵道會社新店線的蒸汽車

日據時代大正10年(1921年)，由台北鐵道會社經營的萬華、新店線鐵路正式通車，開啟了它的載客生涯。

開通之初，該會社即引進了2輛美國Porter廠1920年製的軸配置0-6-0小型蒸汽火車，編為1號與2號。它的車體極小，一望之下，就給人輕便鐵道窄軌小火車卻裝有大軌距輪子的感覺。它車身長只有6.45公尺，寬2.4公尺，高3公尺；最高的部分，即是它那瘦高的煙囪。全車未整備時重12.55噸，添煤加水後可達15.15噸。民國38年新店線為台鐵買收時，這2輛車被編入CK2型的CK2號與CK3號，用到1951年便報廢除籍。

新店線的3號車來歷及身世則相當曲折。它係日本車輛在1921年製造，由台陽礦業所購入，行駛於平溪線上。引進時同型車一共有2輛，故編為1號與2號。1929年台鐵買收平溪線的同時，亦將這2輛車也給買入。它們入籍鐵道部後，編為48型(後來稱C34型)的48號與49號，一直使用到1938年除籍。

但就在鐵道部不要了它們之時，其中的1輛卻被賣到新店線使用，而成為了該鐵道的3號機。光復後1949年新店線被台鐵買收，這輛車又第二度入籍台鐵，被編為CK4型的CK4號。它全長為8.122公尺，寬2.324公尺，高3.266公尺，未整備重17.56噸，整備後可達21.36噸。1949年的再度入籍並未使用很久，1951年就報廢消失。

該會社於戰爭期間的昭和17年(1942年)，又向日本本江機械製作所購進了5號機。它的全長有6.85公尺，寬3.1公尺，高2.32公尺，未整備重15.5噸，整備後重20.5噸。新店線被買收後編入台鐵的CK5型之CK5號，同樣在1951年除籍。至於昭和17年(1942年)入

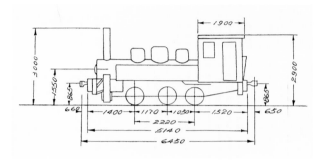

CK2型形式圖（台鐵／提供）

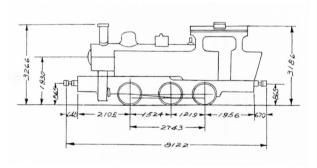

CK4型形式圖（台鐵／提供）

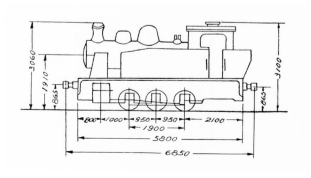

CK5型形式圖（台鐵／提供）

手的6號與7號，則是鐵道部B33型的36號與37號。它們在新店線被買收後，又再度入籍台鐵，編入同型車BK10型的項下。

以上這些車的記述，大致上已描繪出新店線蒸汽機車的概況。但在昭和初年的鐵道部年報上，1928年出現過25噸級L0-6-2型的蒸汽車1輛，1929年及1930年則出現了25噸級的A0-6-0型1輛。1931年的統計則又回到只有2輛Porter製機車的狀況，因此這些短暫出現的火車究竟為何(是否為排版錯誤)，今天就不得而知了。

台灣專用線的蒸汽車

在台灣各種產業中，除了林業、糖業外，礦業及其他的工業亦都有專用鐵道存在，其中亦不乏有蒸汽火車的記錄。

在製糖會社的蒸汽車方面，除了前述有提到的輕便鐵道車輛外，以光復後的編號來看，還有一些與台鐵的聯絡線，擁有1067mm軌距的大型火車。不過，它們多以二手車為主，像1875年英國Sparp Stewart廠所造的軸配置2-4-0古典蒸汽車5號，便於新營糖廠一直活到光復之後。

編號7號，1892年英國Nasmyth Wilson廠所生產的軸配置0-6-0型蒸汽車，是從鐵道部買入的二手車，一直用到1971年才報廢。編號8號的軸配置2-6-2蒸汽車，則是極為有名，清代即購入的攝景8號，在1931年廢車後賣到大日本製糖的虎尾、斗南段使用。

目前放在新竹古奇峰風景區內的10號，則為1943年日本車輛所製造的25噸級0-6-0蒸汽車。

至於虎尾糖廠同心園內展示的11號與新營糖廠曾有的277號蒸汽車，則為日本深川造船所1927～1929年間的製品。推測它們原為總督府內務局所有之工事用蒸汽車，後來才移交給糖廠使用。

位於嘉義的中油高雄煉油廠嘉義分廠線（原稱溶劑廠線），在日據時代仍屬台拓的時候，便曾向汽車會社購入2輛製番2182與2183號的二動軸25.8噸蒸汽車，做為專用線貨物列車的牽引之用。

日本海軍在台灣，亦於戰時入籍了5輛C50型的蒸汽車，光復後移交給台鐵稱為CT230型；北台海軍航空隊本部的新竹飛行場，更曾有1輛德國Maffei製的5動軸蒸汽車存在，而引起日本鐵道研究界注意。

這輛在台灣渡過餘生的德國車，是日本的4100型（日本國鐵4110型，台灣EK900型原始設計）在報廢後，重新拼湊、轉送來台使用的火車。由於它並非屬鐵道部所有，因此在台鐵方面並未見此記錄。

筆者伯父洪祖培博士，在1938年時到新竹的遠足時，首次發現了這輛德國製的5動軸蒸汽車。另一位伯父洪祖仁先生則在1950年4月2日由台北往台中的途中，首度見到這輛火車，並在車身上發現「MAFFEI, MUNCHEN 1912」的銘板，其中還附有製番3338號，正是早年入籍日本的4100型之一。當時，它掛著鐵道部300型的301號銘板，不過卻可能是屬於空軍新竹機場專用線使用的火車。

1993年至1995年間，筆者在空軍新竹機場擔任氣象官的職務，亦無法發現任何這輛車的殘存遺跡，僅找到仍在使用的專用線上，有一座汽車會社造的老鋼樑。

在光復後的統計中，水泥工廠亦曾有調車用的蒸汽機車存在，但狀況均不明，僅知台泥的高雄廠有1輛CK12號蒸汽車留有相片記錄；至於其他的廠則僅有輛數上的統計。

台泥蘇澳廠在1963年時有蒸汽車2輛，1964年時報廢1輛，僅存的1輛一直活到民國60幾年；竹東廠1963年時亦有2輛存在，1965年報廢1輛，另1輛也活到1970年代；至於高雄廠，1963年時有2輛，1966年報廢1輛，1967～1968年間僅存的1輛也消失。

中油方面，高雄煉油廠在1963年時有2輛，嘉義溶劑廠有1輛；高雄的並未活到1970年代，但嘉義的直到民國65年都還有記錄。

上述介紹的這些專用線蒸汽火車，都屬1067mm軌距者。因為其所行駛的路線多與台鐵有接軌，因此

台糖虎尾糖廠的10號蒸汽車（斗南站內）。石川知明
／攝

保存於虎尾糖廠同心園的台糖11號蒸汽機車。洪致
文／攝

屬於中油高雄煉油廠嘉義分廠的日本汽車會社製
B1號蒸汽車。古仁榮／攝

軌距610mm的三峽炭礦蒸汽車。洪致文／攝

三峽炭礦以及台灣鐵工所製造的銘板。洪致文／攝

瑞三煤礦的蒸汽機車。洪達雄／攝

都有機會到台鐵的車站去牽引聯運的貨車。但是屬於礦鐵的蒸汽火車，除了瑞三礦業的車外，大多無緣邂逅台鐵火車。

光復後的瑞三礦業，至少有2輛1067mm軌距蒸汽車存在的記錄。它們的車型很小，與一般軌距610mm的蒸汽車類似，並未裝自動聯結器，可能是以鋼索來牽引台鐵貨車。

至於軌距610mm的礦鐵蒸汽車頭，以基隆煤礦與三峽炭礦的為其代表。基隆煤礦的蒸汽機車，是日本人極有興趣的火車，因此曾在1972年時買了2輛到日本，迄今都還維持在能動狀態。（此部分的詳細介紹，

請參考介紹基隆煤礦的部份。）

至於三峽炭礦的1號與2號蒸汽車，則是在1995年10月，三峽文化路的拓寬工程途中，意外被發現藏在草叢中而曝光。

這2輛車根據它們車身上銘板的記載，係昭和17年（1942年）3月，台灣鐵工所製作，製造番號為11號與12號，是台灣今天僅存的2輛軌距610mm蒸汽火車。它們的駕駛室，幾乎佔了整輛車車長的一半，此乃小型蒸汽火車的特色；它有三個動軸，與基隆煤礦均為二動軸的設計不同。

窄軌台東線的現存蒸汽車

當初廢棄在玉里的台東線蒸汽車。古仁榮／攝

　　台鐵的窄軌台東線，史上有記錄可查曾入籍的蒸汽火車有32輛之多，從英國Barclay、德國的Koppel、美國的Vulcan Iron及Porter，到日本的日立、日車、汽車會社、片岡鐵工所，都有被台東線引進的記載。

　　現今殘存的台東線窄軌蒸汽火車，除了部分日本製的以外，就僅剩1輛德國Koppel製的LCK31號，其餘的均已報廢解體。目前在台灣仍可看見的，有放在澎湖馬公文化中心旁的LDK58號、台東鯉魚山下的LDK59號、花蓮美崙山上的LDT103號、與花蓮光隆大理石廠的LCK31號；另外，日本亦留有幾輛，被民間購去收藏。

廢棄在花蓮南濱的蒸汽車群。古仁榮／攝

　　LCK31號是現存唯一原屬台東開拓會社所有的1輛蒸汽機車，於1913年由德國Koppel廠所生產。1922年總督府買收關山、台東段屬台東開拓會社的鐵道時，一併入籍鐵道部台東線，編為32號。後來又經過L30-30及LC12-30號的改番，光復後改稱LCK31號以迄報廢。

　　LDK56號與LDK57號，是1980年12月報廢後由日本東急車輛買回的9輛車之部分(日本東急除了買這2輛外，還有LDK60號～LDK63號與LDT101號、LDT102號、LDT104號。)，LDK56號1918年1月汽車會社製造，放置於日本埼玉縣越谷市的大間野町；LDK57號則是1922年6月汽車會社生產，目前保存於埼玉縣的蓮田市。

1913年生於德國的LCK31號。洪致文／攝

花蓮美崙山上的LDT103號。 洪致文
／攝

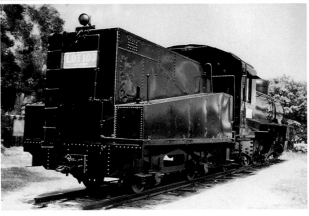

放在台東鯉魚山下的LDK59號。 洪致文／攝

　　LDK 58號是台東線用到最後的蒸汽火車,係1923年7月日本車輛製造;另一輛LDK59號, 為1930年日立所生產, 均屬LDK50型。至於附有煤水車的LDT103號, 則是1942年12月日本車輛所生產, 日本東急購回的另外3輛, 均已被解體。台灣僅存的LDT103號, 因此而就更形珍貴。

台東線活到最後的LDK58號。 洪達雄／攝

台灣的柴油動力火車

形式 R0　柴電機車

　　台鐵的R0型柴電機車,可說是其動力柴油化的始祖。台鐵一共有該型車12輛,編號由R1至R12號,民國49年(1960年)日本日立公司生產。昭和34年8月,第1輛製造出廠之際,曾以DF91型的編號在日本國內的國鐵線上試驗。當初的塗裝為深黑色,大頭燈僅有一個,與來台後二個大燈狀似「大眼蛙」的特徵有所不同。

　　因為它日德技術合作的引擎故障太多,因此台鐵從民國60年開始,便試著以美國GM引擎替換,一共改造了7輛(筆者推斷為1、4、5、6、8、10、12號),其餘未改造的即優先報廢。民國81年前後,R1、R5及R8號亦遭報廢之命運,僅R1號因是台鐵柴電機車始祖,而獲得保留的特別優待。

　　R0型有二個三軸轉向架,總重84.5噸,馬力1420HP,最高速度每小時100公里。改造後的特徵是頭燈變小,而且尾端散風網狀結構及車頂全都不同,部分車側用英文寫著HITACHI的字樣也不見了,可說其外觀,是隨著時間不斷改變的。

　　其老年的最終歸宿,是在南港調車場擔任調車的任務,已很少開上正線去牽引營業客車,目前已全數報廢。

放在七堵的R0型停用車群。洪致文／攝

R1號。洪致文／攝

R4號。洪致文／攝

R5號。洪致文／攝

R8號。洪致文／攝

R12號。洪致文／攝

仍為藍色時代的R6號。森崇／攝

並未改造的R9號。石川一造／攝

形式 R20　柴電機車

R57號。洪致文／攝

R20型柴電機車台鐵一共有52輛之多,從R21編到R72號。最早於民國49年,便有四輛先行抵台,而後陸陸續續運達,一共有30輛,此即為第一批的R20型。

民國55年(1966年),台鐵又續購了22輛,有人稱其為R50型,不過實際上卻與先前的30輛沒什麼大不同。

R20型機車是美國GM公司生產,原廠形式G12型,馬力1425HP,總重78噸,有二個三軸轉向架,不過其轉向架中間輪輪徑較小,且為惰輪,不裝牽引馬達,最高車速為每小時100公里。

R50號。洪致文／攝

藍色塗裝時代的R20型R35號。森崇／攝

形式 R100　　柴電機車

R100型柴電機車的構型,就如同美國的速食文化一般,風靡於世界各地。它於1969年,由美國GM公司所生產,原廠形式G22U,馬力1650HP,總重78噸,最高車速每小時100公里,兩個三軸轉向架的中間輪與R20型一樣,為輪徑較小的惰輪,不裝牽引馬達。

台鐵一共有R100型39輛,編號由R101到R139。早期因為莒光號、觀光號列車的機車頭前都要掛上列車名牌,所以R100型的前端做有一個架子專供吊掛,不過後來都已因不再掛牌而拆除。

R134號。洪致文／攝

形式 R150　　柴電機車

洪致文／攝

R150型柴電機車的外觀,乍看之下與R100型沒有多大差別,但若仔細比對,則會發現其車側走道板變薄,二個三軸轉向架每一軸均裝有牽引馬達,因此軸距比例和R100型不相同。

台鐵於民國62年購入了此型車,一共有20輛,仍為美國GM公司製造,原廠形式G22CU型,馬力1650HP,總重88噸,最高車速每小時110公里。台鐵的編號自R151到R170號,與R100型一樣同為非電化區間的主力牽引機車。民國71年(1982年),台鐵續購了同型車5輛,編號R171至175,於是有人又稱它為R170型,實際應為R150型之子型。由於台鐵在這5輛車引進之際,正著手於莒光號及原有柴電機車改為橘

色塗裝的工作。所以這五輛車一抵台，原廠塗裝便已是橘色外加一條白線的外觀，十分醒目。據台鐵的資料表示，後來購入的這5輛車可重連總括運轉，不過普遍的觀察，台鐵極少這樣使用。

R161號。

R163號。

R171號。

形式 R180・R190　　柴電機車

洪致文／攝

民國81年6月底,台鐵以南迴鐵路增購車名義買進的4輛R180型,與台泥出資購買,給台鐵牽引台泥專列的2輛R190型柴電機車由基隆港上岸,加入非電化區間的運轉行列。(1996年,R190型又購入2輛)。

這2款車除了購買名義不同之外,其餘全部一樣,是美國GM公司加拿大廠所製造,原廠形式G22CU-2,最高車速每小時110公里,馬力1650HP,總重88.9噸。其車頭形狀較R150型為方正,車頂原始設計即裝有冷氣,轉向架每軸均有牽引馬達,車側的通氣裝置則為其最大特色。在運用上,因其可重連總括控制,故常可在北迴線上,見其兩輛一組牽引長大貨列在奔馳。

R192號。

R182號。

形式 S200 　柴電機車

洪致文／攝

S201號。

台鐵的柴電機車有R字頭與S字頭兩大類，R字頭者為幹線使用，取自Road Engine；S字頭者則為調車用，取自Switcher，所以S200型雖然最高速可達每小時100公里，但因馬力只有950HP，所以被歸類於S級中。

其實S200型在剛抵台時，曾被編為S0型，車號並從S1號編起，不過後來可能認為易與R0型混淆，所以改為現今的型式名。它是1960年美國GM公司所生產的原廠形式GL8型柴電機車，總重65噸，三軸轉向架的中間輪為惰輪，不裝牽引馬達且輪徑較小。台鐵的S200有兩種形態，前7輛（S201至S207）在駕駛室後方車頂吊有一個小鈴鐺，十分可愛，後5輛則沒有。

雖然台鐵以S級的調車機來稱呼它，不過在幹線上，仍曾見其牽引區間車在行駛，屏東線、高雄臨港線更是其最得意的舞台。近來，已有數輛的駕駛室前窗被改造加大，和S300型遇上的情形相同。

S209號。

形式 S300　　柴電機車

洪致文／攝

　　S300型柴電機車，可說是台鐵早期最主力的調車柴油車頭。如今西線電氣化後，R20型逐漸由幹線上退下來擔任支線列車牽引及調車工作，S300型便面臨了報廢的命運。據悉，1995年初即已有S300停用報廢等待解體，相信未來幾年它更可能要快速消失。

　　它是1966年美國GM製造的原廠形式GA8型柴電機車，總重54噸，馬力890HP，最高車速每小時75公里(一說70公里)，有二個二軸轉向架，台鐵一共購進了21輛，編號從S301至S321號。1993年起，有部分的此型車進台北機廠大修後，車頭原本長度相等的窗戶，被往下加長，「表情」因此變得很古怪。也許，未來它會和當年的R0型一樣，被「搞怪」的幾輛會幸運地繼續使用，但保持原型的就可能優先被報廢解體了。

S307號（駕駛室車窗已改造）。

S310號。

S317號（駕駛室車窗為原形）。

S313號。

形式 S400　柴電機車

台鐵的S400型柴電機車，是七堵駝峰調車場的專用調車機，其駕駛室內的速度表據傳有二種，最特別的一種是可供溜放時參考用的。不過，在台鐵於1994年年中把駝峰調車改為平面調車後，它便失去了大顯身手的場地，而與一般的調車機無異了。

台鐵的S400型機車於1969年購入，是美國GM公司所生產。原廠形式GA18型，總重54噸，有二個二軸轉向架，馬力1100HP，最高車速每小時75公里。車頭最大的特徵，即是兩個凸起的號碼牌，十分可愛。

S402號。

形式 DH200　柴液機車

在早年日本國鐵的鐵道上，DD13型柴油車頭是相當出名的一款火車，它那駕駛室在中間的凸形構造，適合支線與調車之用，因此可說隨處可見。在台灣，由於動力柴油化走的幾乎全是美國系統，所以日本的這種「凸頭車」在西部幹線極少看到。不過，1970年代窄軌台東線動力邁向柴油化之際，購入的車即是這種凸頭車，並且在東線拓寬後還曾送到西線來跑，如今在台鐵的帳上已是「全數報廢」；可是據觀察，卻有2輛苟延殘喘「偷偷活著」。

這款凸頭車台鐵於1969年購入，一共有12輛，編號為LDH201至212號。它是日本的日本車輛所製造，軌距762公厘，每輛裝用兩具馬力456HP的美國GM製

DH210號。洪致文／攝

仍是窄軌時代的LDH210號。石川一造／攝

放在高雄機廠內的DH207號，近來已很少在用了。
洪致文／攝

柴油引擎。因其以液體變速（高速檔時速70公里，低速檔50公里），與西線用柴油發電機發電帶動牽引馬達的形態不同，故以柴液機車稱之。

這12輛車在引進窄軌台東線之後，成為牽引貨物列車的主力，偶爾也會跑去拉通勤時間的「學生仔車」。東線拓寬之後，它亦全數被改寬輪距繼續使用，形式編號則拿掉象徵窄軌的L字頭，成為DH200型柴液機車。

它送到西線來跑後，活動範圍僅侷限於北部，曾有一段時間在淡水線上拉著旅客列車奔馳，是不少人童年記憶中印象非常深刻的一款火車。民國78年，在台鐵的統計當中，這一型車全數報廢，有不少輛被暫時棄置於七堵機務段，後來便不幸遭到了解體的命運。

然而，也許就是天註定它「命不該絕」，台鐵雖將它們註銷車籍，但卻有2輛直到1996年仍苟延殘喘地沒有名份地活著。它們1輛是在花蓮機廠的DH210號，1輛是在高雄機廠的DH207號，都專門做為廠內的調車之用。

這兩處鐵路機廠維修的員工都不約而同地表示，因為這2輛車已被台鐵註銷車籍，所以如果壞掉要零件修理，恐怕將會很麻煩，因此他們都是小心使用，深怕它「一病不起」。

從保養狀況上來看，花蓮機廠的那一輛保養得較佳，畢竟那是它的老家嘛！該廠的員工對於這輛從窄軌時代就一直陪伴他們到今天的火車，有著非常深刻的感情，因為東線拓寬後，被西線火車頭大舉入侵搶佔後，窄軌東線的火車頭就只剩它還活著了，因此大家都非常珍惜它的未被解體。

在外國，被註銷車籍的火車不乏因為保護文化資產的理念而再度恢復車籍行駛。台鐵的DH200型柴液機車可說已「死了一次」，能保有兩輛在鐵路機廠內行駛誠屬僥倖，未來它們如果還被解體那實在就太可惜了。希望，有朝一日它能踏出機廠大門，拉著懷舊列車在觀光路線上行駛，才不辜負這老天精心安排的天意！

台鐵線上的貨車移動機

洪致文／攝

　　在台鐵的車站站構內，您常可看到一些二軸的小火車，在拉著貨車緩緩地調度著。這些車的正式名稱爲「貨車移動機」，有10噸級、15噸級與20噸級數種。

　　形態上的區分，以日本協三工業與日本輸送機株式會社所做的有較爲古老的機型，有些在車輪上還有連桿呢！至於最常見的10噸級調車機，以台灣土產的北晟重機（PHM）爲大宗，另外還有特通工業、安晟重工、安順機械……等台灣廠商所做的調車機。15噸級的貨車移動機較爲少見，20噸級L形的亦以北晟重機所做的爲主流。

協三工業製DL105號。

協三工業製DL1002號。

北晟重機製DL1044號。

北晟重機製DL017號。

北晟重機製DL012號。

北晟重機製DL019號。

北晟重機製DL008號。

日本輸送機株式會社製DL010號。

奇怪駕駛室的DL1005號。

乾佑工業製DL1030號。

安晟重工製DL6001號。

DL6001號正側面。

北埔的安晟重工製貨車移動機。

協三工業製DL107號端面。

北晟重機製DL1101號。　賴德湘／攝

北晟重機製DL008號端面。

北晟重機製DL017號端面。

屬於日本JR貨物的協三工業製DL，與台鐵線上的DL2000型很類似。

北晟重機製DL2005號。

另一角度的DL2005號。

專用線上的調車機車

在台鐵幹線的旁邊，常有許多廠商有直通工廠的專用側線。它們多備有自己使用的調車機車，並不勞駕台鐵在廠區內幫他們調車。

這些大多以柴油爲燃料的內燃機車，各國的產品均有，種類亦形形色色極爲驚人。

日本日立製的凸形四動軸柴油車，中鋼在1976年購入了58噸級編號501～505號的5輛，1981年買了68噸級編號601～604號的4輛，1987年又接著添購同爲68噸級編號605～608號的4輛。它們在入籍中鋼後，都被改造爲可遙控操作的模式以節省人力。台肥新竹廠亦於1964年與1968年，向日立買了裝三菱引擎的2輛35噸級凸形調車機；台肥南港廠原有1輛1969年日立製的三動軸柴油車，後來轉手給苗栗廠，一直使用迄今。水

內灣線九讚頭站旁屬於亞泥的調車機。洪致文／攝

泥鐵道方面，台泥竹東廠的60噸級3號機車、亞泥在新城的花蓮廠1980年製四動軸柴油車，亦是日立的製品。此外，中油亦曾購入日立的四動軸車輛。現今仍活躍於林口電廠的2號機車，便是原屬中油，1980年日立造的60噸機車。

日本新潟所做的四動軸凸形45噸級柴油車，則在台泥的和平石礦、蘇澳廠與蘇澳新站旁的信大水泥可以看見。另外，和平石礦還有1輛L形2動軸，1979年新潟製的較小型車存在。中油高雄煉油總廠嘉義分廠，則停用了1輛新潟在1961年製造的L型1號機，是現存較古老的該廠製內燃機車。

美國的Plymouth牌調車機車在台灣，亦屬大熱門的一種。在七堵屬信大水泥的二軸小火車，像極了礦場的車輛，小小的極為可愛。凸形的4動軸柴油車，購入的廠家有台泥竹東廠（編號5號）、信大水泥在蘇澳

新站旁的工廠、中油在楠梓附近的橋頭油庫線、高雄煉油總廠嘉義分廠線、亞泥在新城的花蓮廠；以及1974年9月出廠，1993年6月由中油賣給台電深澳火力發電廠旁之北部煤場，原廠形式CR-8型的60噸級Plymouth柴油車。此外，宜蘭線上多山站分歧出的中國力霸水泥廠，亦有1輛三軸的較怪車輛。

做了台鐵不少電力機車的美國GE公司，在早期亦有凸形四軸內燃機車賣到台灣來。這款車全屬台電所有，因為是含在整個發電廠的設計之內，所以電廠建好後多會配屬1輛來做煤運輸。1966年，深澳電廠引進了1輛50噸級的4動軸凸形柴油機車；1968年林口火力發電廠亦買了1輛（車輪有連桿），一直使用迄今。位於高雄的南部火力發電廠也曾買進1輛，後來因該廠不燒煤，且因鐵路亦停用，而把這輛車送到深澳電廠；不過這輛車卻在民國60幾年被賣掉，即成了長期放在

日立製的各式機車

台肥新竹廠的35噸機車。洪致文／攝

台肥苗栗廠的三軸機車。賴德湘／攝

中鋼的D-501號。洪致文／攝

亞泥的1980年日立製機車。洪致文／攝

中鋼的D-602號。洪致文／攝

台泥的60噸級3號機。洪致文／攝

現屬於台電的原中油60噸機車。
洪致文／攝

新潟製的各式機車

中油1961年製的1號機車。朱聖隆／攝

信大水泥的新潟製機車。洪致文／攝

台泥的新潟製機車。
洪致文／攝

美國Plymouth牌機車

信大水泥的二軸小機車。洪致文／攝

中油的D-3號機車。
洪致文／攝

冬山站旁中國力霸的三軸機車。洪致文／攝

美國GE製的機車

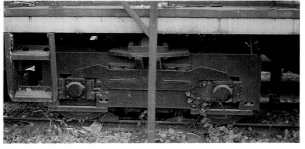

長期放在板橋的GE製機車。洪致文／攝

林口電廠內的GE製機車。洪致文／攝

板橋站外的那輛黃色凸形謎樣機車。

　　台泥的和平石礦與蘇澳廠永樂線，在1994年向美國Brookville購買了原廠編號BM-8型的調車機各1輛。它的轉向架構造十分奇怪，車上裝有一個大警鐘也極有趣。

　　在歐洲方面，德國的Schoma公司在1995年5月與中鋼簽訂產業用鐵路機關車之技術合作協議，協助中

鋼製造內燃機車。該年，中鋼已先引進2輛70噸級的Schoma製4動軸柴油機車，未來還會視需求合作生產。事實上，在此之前台灣各地亦都有Schoma車的身影，像金瓜石礦鐵的DB5號、台鹽鐵道的運鹽用機車頭、台電台中煤場的L-3關節式機車(原屬林口發電廠所有)、亞泥在新竹九讚頭旁水泥廠的5號……都是Schoma的火車。

台泥的美國Brookville製機車。洪致文／攝

亞泥的SCHOMA製5號機車。洪致文／攝

台電的SCHOMA製L-3號機車。洪致文／攝

除此之外，台泥蘇澳廠永樂線有2輛比利時Cock-erill製的三軸機車；北迴線東澳站旁的幸福水泥，宜蘭線冬山站附近的中國力霸水泥廠，都各有1輛Hens-let Hudson的4動軸內燃車；苗栗台肥廠有1輛1983年購入，製番3810號的小德馬DIEMA二軸車；台電深澳電廠在1985年，亦購進了英國Thomas Hill製NG-91型2輛1組的調車機。台電的這2輛車分開的話，各只有2動軸，十分地小；但它可以連掛遙控運轉，出力就大一些了。不過這種設計用沒多久就壞掉，造成必需分開使用的結果，但卻又因牽引力不足而常閒置

著未用。

台灣的專用線上，還有不少廠商喜歡用北晟重機、協三工業…做的貨車移動機來調車，因為動軸多、出力大的內燃機車所費不貲，若沒有需要，其實買來亦無用。因此，這類的小型車輛很多，但特殊者卻極少。

日本北陸重工做的二軸L形調車機，在高雄港內的遠東倉儲與隆田附近的大統益公司線均可看見；日本KATO製的超小型內燃機車，則在當年新竹木材防腐公司線上可以發現。

在台肥新竹廠專用線分歧出的新竹化工線，1996

中鋼的SCHOMA製機車。洪致文／攝

台肥苗栗廠的DIEMA製機車。賴德湘／攝

幸福水泥的Henslet Hudson製「幸福6號」機車。
洪致文／攝

捷運淡水線的二軸機車。洪致文／攝

台電的北晟重機製DL。洪致文／攝

大洋塑膠的二軸DL。洪致文／攝

台中港屬太原交通的DL。洪致文／攝

遠東倉儲1985年7月北陸重工製的2號機車。洪致文
／攝

原屬台灣木材防腐公司的日本KATO製DL。 洪致文
／攝

新竹麵粉廠像汽車改來的調車機。洪致文／攝

新竹化工裏一輛類似卡車改來的廢棄調車機。洪致文／攝

年時雖已廢棄，不過卻仍可在廠區內發現1輛由卡車改來的奇怪調車機；新竹貨運站旁的新竹麵粉廠，亦有1輛2軸的類似車輛，相當引人注意。

輕便鐵道的內燃機車

台灣的輕便鐵道以糖鐵的規模最大，1949年引進之美國Plymouth製15輛15噸級三軸汽油車，是糖鐵動力內燃化之初始。它們在後來的車體更新交由順風機械廠承造，因而改稱爲順風牌機車。1956～1957年，台糖向美國Brookville廠買了50輛稱做溪州牌的15噸級三軸車，它們於1974～1975年間車體更新，變得與日立車極類似。1960年，糖鐵向美國買了4輛16噸級的金馬牌3動軸機車，現今活躍於新營、烏樹林一帶。同年，台糖亦曾購入1輛多燃料的試作車，由Schoma製造，似乎曾在東部的糖廠使用。1967～1969年間，台糖又向日本日立買了裝設三菱引擎的16.5噸級機車。1977～1979年間，糖鐵又買了一共91輛的DIEMA德馬車，是今天糖鐵最活躍的車種。

台糖除了這些外購車輛，1954～1955年由屏東的農業工程處，亦組裝了12輛9噸級的FWD製機車，最初係以酒精爲燃料，1960年有10輛改爲柴油引擎。1956年，農業工程處又造了裝美國GMC引擎的7.5噸2動軸酒精機車10輛（於1974年柴油化），目前廢棄在台中糖廠內的86號便是其中1輛。以上這些車，都是台糖自身有記錄的車輛。在斗六糖廠內，有1輛由蒸汽火車改造來的內燃機車，便一直沒有詳細記錄，可說是謎一般的怪車。

在林場山地線用的內燃機車方面，1947年時的調查，八仙山山地線有Plymouth製的4噸級車，阿里山則有同樣製造廠的7噸級車，太平山有Herculess製的3噸級機車。目前花蓮池南森林遊樂區，亦保存有1輛日本KATO在1951年7月製的4.5噸級車，1980年6月底在木瓜林區退役後，靜態陳列於此。林田山林場目前除了1輛較大形的KATO製機車仍未被解體外，其餘較小形，日本加藤（KATO）、酒井（SAKAI）製的小車都已被拆光。

另外，林鐵本線像羅東線，有引進三菱製柴油機

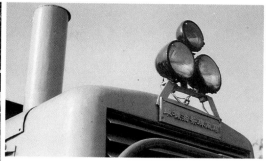

美國Plymouth製的順風牌機車。洪致文／攝

在屏東糖廠調車的溪州牌機車。洪致文／攝

第一輛溪洲牌機車於1956年抵台時的外觀。

只有4輛的金馬牌機車。洪致文／攝

台糖日立製機車。洪致文／攝

台糖德馬牌機車。洪致文／攝

農工處製的82號。石川一造／攝

台中糖廠內農工處造的86號。洪致文／攝

台糖也有軌距1067mm的日立製機車，圖中12號屬
虎尾糖廠所有。洪致文／攝

林田山林場的7號DL。

虎尾糖廠農工處組裝的FWD製56號。 石川一造／攝

林田山林場SAKAI製DL廢車體。 洪致文／攝

林田山林場的12號DL。 洪致文／攝

羅東林鐵的KATO製機車。 洪致文／攝

林田山林場萬森線用的KATO製機車。 洪致文／攝

阿里山林鐵日本新三
菱重工製11403-5號。
洪致文／攝

阿里山林鐵德國O&K
（Koppel）製DL-37號。
洪致文／攝

日本車輛製的阿里山
林鐵DL-40號。　洪致
文／攝

台鹽鐵道KATO製9號。洪致文／攝

台鹽鐵道協三工業製815號。 洪致文／攝

金瓜石的SCHOMA製DB5號。洪致文／攝

花蓮修理廠自行拼製的DLH101號。
1982.1.石川一造／攝

車、加藤製汽油車的記錄。阿里山鐵路方面，則在最初都買日本三菱的產品，其間曾買了3輛德國Koppel製的車，近來的28噸級柴油機車，則以新潟變速機、美國固敏引擎、日本車輛製造的組合較得林鐵「放心」。

　　台灣的其他輕便鐵道，鹽鐵曾有一些加藤製、協三工業製、德國Schoma製的內燃機車在行駛；礦鐵亦有Schoma製、加藤製、協三製……，以及台灣土產

的拼裝機車在使用。窄軌台東線方面，除了前述有介紹過在東拓後改為DH200型繼續在西線使用的LDH200型外，目前被保存(形同棄置)於澎湖馬公的文化中心旁之LDH101號，則是1970年台鐵花蓮修理廠自行拼造的1輛土產柴油機車。其轉向架取自柴油客車，車身形狀亦頗奇怪，是輛世界上獨一無二的火車。

台鐵的電力機車

形式 E100　　電力機車

洪致文／攝

　　台鐵的西部鐵路電氣化工程，英國的GEC公司扮演了重要的角色，同時引進的EMU100型自強號與E100型電力機車，便是該廠的傑作。

　　E100型的製造銘板上，清楚記載該車為英國GEC設計，不過為南非UCW所製造，因此不能算是純英國血統。它的總重有72噸，有2個二軸動力轉向架，共裝有四具牽引馬達。規格上它的最高車速為每小時110公里，動輪直徑1219mm，是台鐵電力機車當中最大者。因其並無裝設供應客車冷氣電源用的MA-Set，故只能牽引普通車與貨物列車。近年來它的外觀有些許改變，像是側面窗戶會漏水而封死、集電靴形式的改造、駕駛座旁三角形小窗為了規格統一改與E200型……等GE製電車相同，都是小小的改變。台鐵一共有此型車20輛，編號由E101至120號。

E100型牽引普通列車。

E107號。

由英國GEC設計，南非UCW製造的E100型製造銘板。

E117號。

E118號。

形式 E200・E300　電力機車

洪致文／攝

E224號。

台鐵電化路線上的主力機車，不用說鐵道迷都知道是美國GE製的那批原廠編號E42C型電氣機關車。西部幹線電化時，台鐵購入了E200型35輛，E300型39輛。兩者的最高車速都是每小時110公里，總重96噸，有二個三軸動力轉向架，裝設六具牽引馬達。其所不同者，為前者有裝供電的MA-Set，故可牽引空調列車，後者因未裝而只能拉普通車及貨物列車。不過民國83年時已有E300型（E301號）被台鐵的台北機務段改造加裝MA-Set牽引空調列車，之後又有好幾輛被改造出廠。因此E200型與E300型電力機車，可說越改越像。

1992年1月，台鐵又增備了5輛的E200型（E236～E240號）電力機車。它們裝有ATC（列車自動控制系統），不過在路線無法配合的情況下，可說無用武之地。

E210號。

E307號。

形式 E400　電力機車

洪致文／攝

台鐵在1980～1982年又添購了E400型的電力機車18輛，它的外形與E200型、E300型幾乎一樣，但車長要短一些（短近1公尺）。它的齒輪比經過更改，牽引力變小了，不過最高車速卻從時速110公里增至130公里。它裝有供應空調列車的MA-Set發電機，所以也能夠牽引冷氣客車。

E408號。

台灣的內燃客車

內燃客車是台鐵許多地方鐵道的載客主力。洪致文／攝

◈台鐵黎明期汽油車

在台鐵內燃客車的歷史當中，最早出現的當屬「小型汽油車」了。昭和5年度（1930年）鐵道部引進了キハ1型的「三等ガソリン汽動車」4輛，編爲キハ1～キハ4號。這4輛車爲日本車輛所製造，總重13.32噸，全長僅10.4公尺，一側設有三個拉門，長條椅可坐36人，加立位後總定員80人。

昭和6年（1931年）時，鐵道部又購入了類似的小型汽油車キハ10型8輛（キハ11～キハ18號）。該型車爲日本車輛所製，總定員爲82人，是側面僅有2個車門的小形汽油車。

這群台鐵西線黎明期購入的小型汽油車，1930年第一批抵台後，11月開始開行基隆～板橋之間，並逐漸延駛至桃園。昭和6年度增備車大量抵台之後，又加開了台中、彰化間及台南、屏東間的班次。這批車購入的原因，跟據當年鐵道部的表示，竟與今天買通勤電車是一樣的原因：自動車（汽車）交通運輸的普及

發達，伴隨著各區間鐵道收入的減少，尤其是都市近郊旅客數的變少更是顯著。所以這批小型汽油車一抵台後，便立刻被送往北、中、南的都圈近郊去使用。昭和12年度（1937年）時，キハ1型更改形式爲コキハ1000型，キハ10型改爲コキハ1010型，在籍數共有12輛。

它們在光復後曾被以三等汽油車（TGA）的英文代號來命名，稱做TGA9000型與TGA9010型。後來又把4輛的コキハ1000型改稱18GA1000型，7輛的コキハ1010型改稱18GA1010型。前者的編號並無跳號，爲18GA1001～18GA1004號，後者應從18GA1011～18GA1018號，但18GA1016號跳號。因爲，コキハ1016號已在昭和16年度即廢車。

民國46年（1957年）5月8日，台鐵公告將這批早已換裝汽油引擎爲柴油引擎的內燃客車，車種英文代號由汽油車的GA改爲柴油車的DR。同時爲了解決1016號跳號的問題，台鐵把18GA1018號改爲

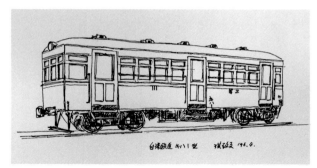

キハ1型外觀。洪致文／繪

キハ10型外觀。

18DR1016號，使得「DR」時代的小型柴油車，18DR1010型只從18DR1011編到18DR1017號爲止。（事實上，昭和16年度時，鐵道部已曾試著拿コキハ1010型中的2輛改爲柴油引擎，只是車號不明。）

民國50年（1961年）3月時，這些車已被拆卸引擎改爲一般的客車使用，稱爲18TPK1000型與18TPK1010型。其中部分還被改爲訓練車（英文代號IC）。

❖流線形圓頭中大型汽油車

在1930年代，全世界各地都在流行著流線形的火車。在日本，有C53型、EF55型…等機車頭被做成流線狀，爲了試驗是否能因此而減少風阻（後來證明並無多大幫助）。汽油車方面，1935年7月，日本的キハ42000型（後來キハ07型）在東京、靜岡間，試驗高速行走的性能，創下時速95公里的記錄，流線形圓頭的形態更是大爲風行。

事實上，早於此的1932年，台鐵即已向日本車輛與川崎購進了流線形的圓頭車，比日本的キハ42000型還要早！

台鐵在昭和7年度（1932年）入籍的總定員120人（坐位加立位)中型汽油車，製造年的記載爲1931年。第一批共入籍了キハ100型（日車製）2輛，編號キハ101與キハ102號；及川崎製的キハ200型2輛，編號キハ201號與キハ202號。日車製的キハ101與102號，日本方面留有詳細記錄，可確知全長爲17公尺，總重20噸。

這種中型汽油車，一側有1個駕駛上下的門，另有

2個旅客用拉門。內部座椅以非字形排列，座位定員有64人；正面車窗有3片，駕駛坐在中央開車。

昭和8年（1933年）11月，キハ202號因爲發生燒車事故而停用，直到補充新的車體，才在昭和9年10月20日復活恢復使用。1934年11月，第二批的中型汽油車入籍台鐵，分別是キハ100型（又稱キハ103型，爲キハ100型子型)的キハ103號～キハ105號，與キハ200型（又稱キハ203型）的キハ203號及キハ204號。1937年時，キハ100型改稱ホキハ2100型，キハ200型改稱ホキハ2200型；1941年時其中有一輛被改造爲柴油客車在使用。

昭和10年度(1935年)，台鐵與日本同步使用了流線形圓頭的大型汽油車。當時引進了日本車輛製的キハ300型3輛(キハ301號～キハ303號)，及川崎製的キハ400型2輛(キハ401號～キハ402號)。1936年度則又增備了同型車キハ300型2輛（キハ304號與キハ305號），以及キハ400型2輛（キハ403號與キハ404號)。昭和12年度（1937年），キハ300型改稱爲ナキハ2300型，キハ400型改稱ナキハ2400型，同時亦增備了ナキハ2300型2輛（ナキハ2306及ナキハ2307號），ナキハ2400型2輛（ナキハ2405及ナキハ2406號），此後便再無增備記錄。

這種大型汽油車與日本的キハ42000型（後改キハ07型)很類似，一側共有3個旅客用拉門。正面圓弧形部分有4個車窗，駕駛室在左邊，兩端均可駕駛。其全長有19公尺，座位以非字形排列，座位定員68人，加上立位後爲130人，日車製的總重爲27.3噸。

光復後的GA2204號。

日據時代中型汽油車內景。

中型汽油車2104號。 洪長庚／攝

從這張模糊的相片,可以清楚比較出,除了中間一輛是中型汽油車外,兩邊的均是大型汽油車。

大型汽油車戰後之姿。(台鐵／提供)

光復之後，ホキハ2100型與ホキハ2200型汽油車，歷經1948年的TGA9100與TGA9120型、1949年的GA9100與GA9120型稱呼，1950年已改為GA2100型與GA2200型名稱。當時的接收，一共有6輛留存了下來，ホキハ2100型4輛，ホキハ2200型2輛。1956年，台鐵將這批車改裝日本國鐵標準的DMH17型柴油引擎，並於1957年將車號重整為DR2100型的DR2101～DR2104號，以及DR2200型的DR2203號與DR2204號。其中的DR2102號，其前身為GA2105號，係為了填補空號而前移。

大型汽油車光復後的記錄，ナキハ2300型與ナキハ2400型的汽油車，歷經1948年的TGA9130型與TGA9140型、1949年的GA9130型與GA9140型稱呼，在1950年改稱為GA2300型與GA2400型。在1953年的統計中，GA2300型有7輛，GA2400型有6輛，此數量

之後便一直未再改變，直到1991年DR2402號因事故報廢，才開始有減少。

❖ 巴士窗的魅力

1955年，台鐵向日本東急買了8輛份的DR2500型柴油客車，其中1輛由日本方面組立，其餘則由台北機廠裝配。1955年完成了4輛，1956年2月之前，又完工了4輛。這批車登場時並未塗上白線，車內裝設對坐式固定座椅，一車定員可坐72人，只有一側有駕駛台，編號DR2501號～DR2508號。

1957年，台鐵又仿DR2500型模式，向東急買了10輛DR2600型來組裝，另外同時買進了拖車DR2650型4輛。動力車DR2600型為雙運轉台，定員座位68人，DR2650型則有76位。這批DR2600系列的柴油客車，出廠時即裝設翻背椅（除了部分靠車門、或兩端的座椅），與DR2500型一起連掛當作飛快車使用。

日本1953年開始量產的10系氣動車，可以說是台鐵DR2500及DR2600系列的設計之祖。圖為日本同樣1955年開始生產，東急車輛製的キハ11型，現屬茨城交通所有，於1995年末國鐵塗色復元，造成全國鐵道趣味界大轟動的キハ111號。洪致文／攝

1955年日本東急製的DR2500型組立完成後，試車至基隆站的情形。

DR2500型抵台之初的窗配置與車體塗裝和後期不同。

晚年行駛於北迴線的DR2500型。
1982.1.石川一造／攝

飛快車引進之後，只把圓頭改為平頭的7
輛大型汽油車之一。洪祖仁／攝

日本的キハ42000型汽油車，與台鐵近乎同
時購入的大型汽油車極為類似。圖為現屬
鹿島鐵道，1936年川崎車輛製的原國鐵キ
ハ42032號（後改キハ0729），兩端由圓頭改
為平頭的外貌。其端面改法雖與台灣不同，
但側面仍保留了大型汽油車特殊的三門設
計，以及複雜的窗戶配置。洪致文／攝

窗配置改造後的DR2500型。

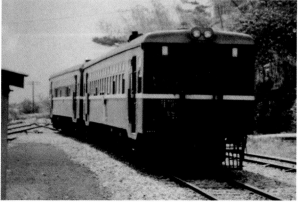

巴士窗時代的19輛柴油客車之一駛進水里站。
1978.3.石川一造／攝

這兩批車所裝設的英國生產轉向架，形態極爲少見，不過其最大的特色，是那首度使用在台鐵車輛上的「巴士窗」。

這種在方形窗上還有一個扁橢圓狀小窗的設計，大概最早是先用在客運巴士上，後來引用到柴油客車車身中，才有巴士窗的稱呼。

台鐵的6輛中型汽油車，在1956年換裝日本國鐵標準的DMH17型柴油引擎，1957年5月，其形式稱號亦改爲DR2100型與DR2200型，1960年將車體更新爲通勤式在南部使用，推測此時便將圓頭改爲平頭，但仍未換巴士窗。直到1969～1970年前後的車體大更新，才變爲有巴士窗的模樣。

至於13輛的大型汽油車，1954年以美援購料換裝固敏式柴油引擎，以「飛快車」的名號，於民國43年9月開始開行（此時DR2500型飛快車根本還未抵台），並在1957年5月更改形式稱號爲DR2300型與DR2400型。它們在1955年～1958年間更新車體，有7輛只把圓頭換爲平頭，繼續行駛淡水線、北部區間；另有6輛在1958年整個車體做成有巴士窗，類似飛快車的模樣，行駛於宜蘭線之上。

1969年～1970年前後，這19輛中型與大型的柴油客車，又全被統一更新大改車體，做成有巴士窗、裝設翻背椅的新樣子，車長統一成19.916公尺，坐位62位，立位66位，行駛在支線與一些通勤區間。

而飛快車在1965年前後，陸續進廠把略嫌擁擠的車內裝大改造，改設翻背椅，加長座椅間距，兩扇拉

晚年送到北迴線使用的DR2503號。
1981.2.石川一造／攝

被麥當勞買去當兒童生日餐車的DR2652號拖車。洪致文／攝

門之間的側板全部重做，但依然維持巴士窗的形態，一直到報廢解體。

◈飛快車的全滅與19輛柴油客車的再更新

台鐵的飛快車在光華號登場之後，逐漸由第一線引退下來，行駛海線區間車以及東勢線。北迴鐵路南段通車開始營業時，亦調了飛快車前往行駛。1979年12月，更因車廂不足，而把30SP32304、32305、32308及32312號4輛客車加設軔管與電氣同步線，充做DR2500型與DR2600型的「代用拖車」使用。其試車記錄上，可以看到DR2503＋SP32308＋DR2604＋DR2506＋SP32305＋DR2609這樣的奇怪編成！它們於DR2100～DR2400型在更新車體的1983年～1985年間大量廢車，最後的幾輛在1989年7月上旬於台北機

廠解體之後，飛快車就這樣全滅於台灣，僅有1輛DR2652號的拖車被麥當勞買去當做生日餐車，保存在彰化。

在這群飛快車退出台灣鐵道舞台之際的1983～1985年間，19輛DR2100型～DR2400型陸續送進唐榮更新車體，將巴士窗改為一般的方形上昇窗，繼續活躍在支線鐵路上。

1991年11月，台鐵2輛內裝非字形座椅，使用空氣彈簧動力轉向架的DR2510型DR2511號及DR2512號新柴油客車登場。它們係由唐榮拼造，裝設美國固敏引擎以及義大利SOCIMI製的轉向架，外形十分奇特。最初配屬在台中跑海線區間車，後來轉送花東線行駛。

DR2301號。洪致文／攝

DR2403號。洪致文／攝

掛於白鐵車後回送的DR2100型。洪致文／攝

車底斜排的散熱裝置（DR2405）。洪致文／攝

柴油客車駕駛室。洪致文／攝

廁所端的轉向架（DR2405）。洪致文／攝

1991年登場的DR2510型。洪致文／攝

各地的柴油客車

洪致文／攝

東港線東港站。1991.2.

深澳線瑞芳站。1989.8.

平溪線十分站。1996.1.

花東線玉里站。

內灣線上坪溪橋。1995.5.

南迴線只開到太麻里時的DR2405號停於台東站內。
1989.8.

如今已報廢解體的DR2402號。

❖ 萬壽無疆光華號

　　1966年10月31日，為了慶祝蔣中正總統生日而開
行的光華號DR2700型柴油客車登場了。它們係由日
本東急所製造，動力車DR2700型有25輛，拖車
DR2750型有6輛，前者有60個座位，後者有64個。其
車身類似美國的RDC柴油客車，以不銹鋼打造，因此
有「白鐵仔」的稱呼。開行之初，除了掛有Head Mark
外，還會寫上「萬壽無疆」4個大字。

　　它們在西部電氣化完成前，是台鐵北高間最快的
列車。在自強號引進之後，它被轉送到北迴線上行駛，
同時亦在北部區間以柴快車名義行駛通勤路段，另也
曾在南部的屏東線行駛過。在EMU400型通勤電車大
量引進之後，白鐵仔被送到中部區間使用，后里以南
的山線，以及海線、內灣線，都可看到它的身影。1995
年EMU500型通勤電聯車大批抵台，亦將中部區間的
柴快陸續置換後，它又漸漸地取代了南迴線及花東線
DR2000型小叮噹，繼續它「萬壽無疆」的生涯。

　　台鐵的DR2700型白鐵仔之所以會這般長命，主
因是它的不銹鋼車身不會銹蝕，內裝在1981年亦曾經
唐榮更新過，其中有好幾輛甚至連引擎都已換新，因
此台鐵只要還有非電化區間，它大概就不會消失。

從屏東開出的光華號（注意其特殊編成，除了2輛
光華號外，還有2輛藍色塗裝柴油車）。1975.5.石川
一造／攝

各種角度的DR2700型（DR2723號）。洪致文／攝

光華號登場時，先頭車掛有「壽」字與「萬壽無疆」
的祝賀語。洪達雄／攝

DR2723號。洪致文／攝

光華號客車的內裝（內部的拱門是最大特色）。洪致文／攝

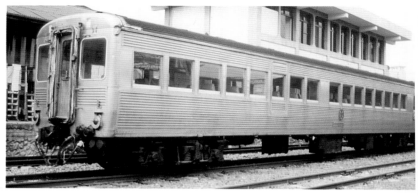

拖車DR2750型。洪致文／攝

各地行駛的DR2700型

當柴快駛進仍未地下化的台北站。洪致文／攝

華山東出口。洪致文／攝

在花廠待修的DR2700型。洪致文／攝

山線。洪致文／攝

內灣線上員站。洪致文／攝

內灣線南河站。洪致文／攝

◇輕便鐵道的內燃客車

台灣的糖業鐵路，在日據時代就有許多大大小小不同形式的內燃客車存在。昭和5年度（1930年）的統計，就有台灣製糖九曲堂、竹頭角間36人坐及46人坐各1輛；明治製糖番子田、二重港間38人坐1輛，嘉義至港墘、南靖間38人坐3輛；大日本製糖斗南、北港間18人坐及8人坐各1輛，后里、大安港間18人坐1輛；帝國製糖台中、南投間28人坐1輛，新竹至波羅紋、下山間26人坐1輛；新高製糖鹿港、線西間36人坐3輛。

光復後台糖的客車編號規則規定，汽油車定員（坐位加立位）約30名者爲小型汽油車，約40名者爲中型汽油車，超過60名的則爲大型汽油車。二軸木製車身的小型汽油車編號在301～340號間；三軸木製車身小型汽油車編號則爲341號～350號；鐵製車身的則爲351號～399號。中型汽油車的分法，401號～450號爲木造車身，451號～480號是二軸鐵製車身，481號～499號則爲三軸鐵製車身中型汽油車。大型汽油車則編爲501號～599號，沒有再細分。

光復初期至1954年間，台糖曾引進了10餘輛的汽油客車，其中有些是以卡車引擎卸下拼裝的。1954年至1969年3月止，農業工程處屏東工作站已完成客車改造汽油車15輛，全新製造10輛之多。現存於新營的編號538號勝利號汽油車，便是1949年日本日立製車體，在1954年12月由農工處改造而成的汽油客車。其長寬高尺寸爲10744×2200×3270（單位mm），總重13.9噸，定員座位32位、立位28位。

1969年，農工處首度製造了2輛供北港線使用的對號快車，裝設翻背座椅，於4月20日加入營運，是光復後糖鐵最高級的列車。

1961年的統計，糖鐵的汽油客車高達85輛，大多數的客運營業線均可見它的蹤影。1971年仍有68輛，1981年便剩7輛，到1991年就只存上述的新營538號，與岸內糖廠的562號2輛。雖然說，台糖的動力客車僅存這2輛，不過由汽油車卸下引擎改造而成的搶修車卻仍有部分健在，溪湖糖廠的524號便是其中代表。

林鐵方面，阿里山線的平地段早期亦有汽油車在

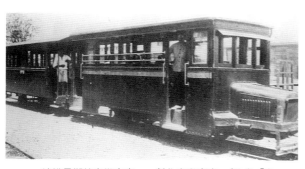

糖鐵早期的內燃客車——彰化自動客車。（取自「台灣地理風俗大系」）

目前已被卸下引擎的溪湖糖廠524號。洪致文／攝

岸內糖廠的562號。洪致文／攝

新營糖廠538號。洪致文／攝

左下角的糖鐵汽油車，車端還有可放農產品的半圓形凸出。石川一造／攝

糖鐵557號汽油車。石川一造／攝

阿里山林鐵早期的汽油車改為一般客車後的樣貌。
1984.1.森崇／攝

羅東林鐵的中華號。石川一造／攝

阿里山林鐵的中興號。洪致文／攝

羅東林鐵中華號（DPC1號）送到阿里山林鐵使用初期的珍貴相片。石川一造／攝

原日本車輛1932年製LDR2000型卸下引擎後變為拖車的LTPB1704號。石川一造／攝

被台鐵丟在花蓮舊車庫的LDR2204號。洪致文／攝

日本車輛1939年製LDR2100型。石川一造／攝

丟在花蓮舊車庫的LDR2307號鋁皮車。洪致文／攝

行駛；1930年的統計，八仙山下的台中輕鐵豐原、土牛段，也有定員29人的汽油客車3輛在籍的記錄。林鐵觀光化之後，阿里山出現了中興號，羅東林鐵出現了中華號，均為日本車輛的製品。1979年羅東林鐵停駛後，2輛中華號轉入阿里山林鐵繼續行駛，初期還保持墨綠色塗裝在使用呢！

至於台東線在窄軌時代，亦有一群內燃客車在運轉。日據時代購入的LDR2000型、LDR2020型、LDR2040型與LDR2100型，均為日本車輛在1930年代的產品。除了LDR2000型小型汽油車外，其餘3種都屬圓頭的流線形設計。

光復後1957年由北廠打造車身，花廠裝配固敏引擎而完成的DLR2200型一共有4輛，其中的LDR2203號在東拓後被跟著改軌距，在花蓮機廠內調車使用。它車身上寫著DR2000號，事實上早已無車籍。另外，LDR2201號保存在澎湖馬公，LDR2204號則丟在花蓮舊車庫中。

至於東拓後在1985年改軌距繼續使用的DR2000型動力車與DR2050型拖車，則是窄軌時代的LDR2300型、LDR2400型動力車與其拖車改造而得。其中的DR2010號是外形較特殊的鋁皮車，據花廠人員表示，初期剛改軌時的DR2010號並非鋁皮車，但它在一次火燒車事故後變得很難修，當時花廠內還報廢有1輛鋁皮車，於是運用其車體拼裝成今天的DR2010號，算是有「東線小叮噹」之稱的DR2000型中，身世較為曲折的1輛。

台東線窄軌光華號登場時的樣貌。

窄軌光華號登場時內裝。

窄軌時代的鋁皮車。石川一造／攝

DR2006號。洪致文／攝

DR2005號。洪致文／攝

DR2008號。洪致文／攝

DR2009號。洪致文／攝

DR2003號。洪致文／攝

鋁皮的DR2010號。洪致文／攝

拖車DR2051號。
洪致文／攝

DR2000型與DR2050型的
細部特寫。洪致文／攝

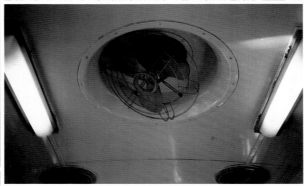

不可思議的變身傳奇LDR2203號

窄軌時代的LDR2203號。
石川一造／攝

1990年8月已改軌後的DR2000號
（原LDR2203號）。洪致文／攝

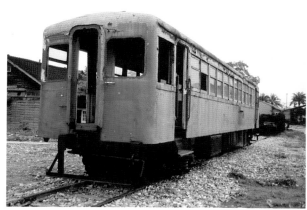

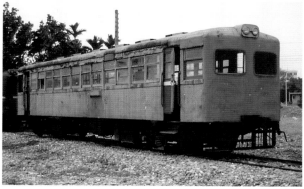

1993年4月時的DR2000號，車號已不見了。洪致文／攝

1995年6月時的DR2000號又有了新塗裝。洪致文／攝

台鐵的電聯車與柴聯車

ED109號（廁所撤去）。洪致文／攝

　　在台鐵的購車規劃之中，最初電聯車與柴聯車是以拿來當自強號使用而購入的，直到EMU400型的引進，才有通勤電聯車的出現。東線所使用的柴聯車DMU，彼此可以連掛運轉，所以使用上問題不大；但西線的電聯車問題可就多了，各種廠牌的車無法總括運行，造成調度上極大的麻煩，因此台鐵才會在EMU500型通勤電聯車之後，改買推拉式的電車。

　　台鐵最早的電聯車，是伴隨著西部鐵路電氣化時所購進，俗稱英國婆仔的EMU100型自強號電聯車。

　　該車為英國的GEC所製造，以5輛為一組，分別為1輛ED車（駕駛拖車）、2輛ET車（拖車）、1輛EM車（馬達車）及1輛EP車（駕駛動力車）。

　　其最高車速每小時120公里，只有EP車裝有集電弓。不過因為該型車歷經多次大車禍，ED車毀了數輛，故台鐵把1輛EP112號的集電弓拆除，改造為ED車，並將車號改寫為EP112（ED），算是1輛「怪胎車」。近年來該型車的ED車之廁所，陸續被改造為四個座位的小包廂，供服務小姐乘坐，因而結構上略有改變。台鐵

EMU100型電聯車。洪致文／攝

ED103號。洪致文／攝

ED105號。洪致文／攝

EM103號。洪致文／攝

ET114號。洪致文／攝

EP106號。洪致文／攝

EM112號撤去集電弓，
做為ED車使用。洪致文
／攝

曇花一現的商務車。洪致文／攝

電化完成時共買了此型車13組65輛，在推拉式電車尚未引進前，一直是台鐵西線電氣化自強號列車的主力，也因此碰上車禍的機會極多。MA-Set、馬達平滑線圈……等的故障，亦毀了台鐵自強號的招牌，所以鐵道文化協會的鐵道文化資產建議保存名單中，就已未雨綢繆將其列入，以防台鐵報廢得一輛不剩。（它在台鐵的鐵路電化歷史中，絕對是種值得保存的火車。就車輛設計上來講，亦是將冷氣置於車頂下、車廂端面的舊式冷氣電聯車。）

台鐵在1986年向南非UCW買了3輛一組（EM＋EP＋EMC）的EMU200型11組，1988年又向義大利

Socimi廠購進同為3輛一組的EMU300型8組，做為自強號列車使用。1994～1995年間，上述的這三型自強號電聯車疲態百現，又是出力不足、火燒車，還有馬達掉落、軸箱破裂導致燒軸……等事故，逼得台鐵不得不大減班。再加上票價不斷上漲，連台北、高雄間的飛機票都有部分要比它便宜，自強號自然會盛況不再。

1990年到1991年間，台鐵向南非的UCW買進了4輛一組（EMC＋ET＋EP＋EM）的通勤電車EMU400型12組，做為都會區間的通勤車使用；1995年年中開始，亦陸續向南韓大宇買進同為4輛一組，車身不銹鋼

EMU200型。洪致文／攝

EM204號。洪致文／攝

EP204號。洪致文／攝

EMC204號。洪致文／攝

EMU300型夜景。洪致文／攝

駛至山線最高點勝興站的EMU300型。洪致文／攝

台北機廠待料中的EMC302號。1993.5.洪致文／攝

EMU300型內裝。洪致文／攝

EMU400型。洪致文／攝

DR2825號。洪致文／攝

EMU500型。洪致文／攝

DR2863號。洪致文／攝

DR2905號。洪致文／攝

DR2953號。洪致文／攝

DR3053號。洪致文／攝

DR3097號。洪致文／攝

東線自強號列車。洪致文／攝

打造，一側有3個車門的初代VVVF式通勤電聯車
EMU500型，於10月10日在台中站舉行典禮正式啓用。

在柴聯車（DMU）方面，1982年台鐵首度向日本
東急購入了3輛一組（DR2800＋DR2850＋DR2800）
的DR2800系列10組；1984年又增購了同型車5組，在
東幹線使用。這批初代的柴聯車自強號，冷氣並未裝
在車頂，側板的波浪紋，亦與光華號白鐵仔DR2700型
極爲類似。

1986年，台鐵向日立買了5組車頂冷氣的DR2900
型系列柴聯車（ DR2900＋DR2950＋DR2900），於
1987年春節加入營運；1990年則一口氣購買了27組
DR3000型日立製，類似DR2900型的柴聯車。因它動
力車超過50輛，所以拖車變爲DR3070型，一組的編成
爲DR3000＋DR3070＋DR3000，活躍於東幹線、南迴
線與屏東線。

DR2909號駕駛室。洪致文／攝

台鐵的木造客車

日據中期的北上急行列車（蒸汽車後的第一輛為中型行李車，第二輛為頭二等合造中型車。洪長庚／攝

　　台灣鐵路在清朝劉銘傳時代，便已購入木造客車來營運，初期有購進車長20呎（約6.1公尺）的英國製小型木造客車之記錄。1899年入籍的三田製作所製20輛二軸客車抵台時，台鐵除了這批新車之外，所有的客車均為轉向架式者。

　　台鐵在1902年度開始有了轉向架式小型木造客車標準製造規格；1921年度開始增備中型木造客車；1928年度則開始有大型木造客車的出現。我們今天所看得到的千位數、萬位數客車編號法（千位數「2」代表二軸轉向架），是1937年改號之後才出現。所以在日據中期的鐵道部年報出現過「1916年造第60號型三等車」、「1914年造食堂付一等車第1號」（大正8年度年報）；「定員96人三等車50型」、「定員88人三等車舊70

型」、「定員80人三等車新70型」、「1921年新造11輛定員48人100型二等車」（大正10年度年報）…這般的記載。

　　1937年4月1日的台鐵車輛大改號，包括了蒸汽機車、客車與貨車。不過，早在1935年改號的行動就早已開始。當年引進的C55型蒸汽機車，就最先使用了與過去慣用的幾十型、幾百型稱法不同的新編號，隔年購入的C12型亦如此。客車方面，根據車輛史專家童振疆的考證，1935年配合台灣博覽會而登場的32000系列台鐵初代鋼體客車，使用的便是千位數為2的編號法。只不過日文代碼最初仍照舊制，先以ハボ32000登場，1937年4月才改為オハ32000型。

　　1937年4月1日的客車改號，主要是把型式100

日據初年的客車停於新車停車場。

明治38年（1905年）時，一列運轉中列車遭暴風而
傾覆的情形（注意其車頂結構）。

日據初年停在淡水河岸的客車，其窗下似已有色帶
的塗裝。（取自「The Island of Formosa」）

1935年時受地
震所困，停於
大安驛（今泰
安站）內的北
上列車。

1936年11月於台中驛所拍的珍貴相片，由其中可以
發現仍使用舊式編號。其中的ハボ代表的是三等轉
向架式客車（ハ為三等之意，ボ是Bogie之意）。
洪祖恩／提供

日據初年的木造客車。（取自「The Island of Formosa」）

日據中期台
北機關庫旁
的客車場。

以下的小型木造客車整編為 2000～2099 號之間；100 型及 300 型中型木造客車改為 12000 及 12300 系列；400 型及 500 型則編為 22×××的大型木造客車項下。

　　1937 年之後登場的木造更新車、改造車，則以 2×××表小型木造客車、12×××表中型木造客車、22×××表大型木造客車來命名。光復後則把日文表記改為英文，即成為戰後台鐵木造客車的形式番號。

　　基本上，1937 年的這次客貨車大改號，有將過去初期的車輛來次大整編的意味(蒸汽機車方面，則只改形式而未改車號)。所以不少早早報廢的客貨車，根本

未活到 1937 年，因而從未使用新編號法。戰後留存的資料，因大多以新編號法的形態存世，所以筆者在本書中以戰後的形式編法來稱呼這些車。事實上，像 1921 年新造的 100 型二等車，是先改為オロ 12000 型，再改為 30SP12000 型的。不過筆者在介紹時，則以「1921 年新造 30SP12000 型客車」這樣的說法來稱之。

台鐵二軸客車

　　台灣鐵道在清朝時代究竟有幾輛客車，日據初期

日據中期的列車。洪長庚／攝

台中線地震復建後的試運轉列車駛過今鯉魚潭橋。

日據時代的「行先板」(列車終點指示牌)。洪致文／攝

光復後木造客車與代用客車混編的列車。(台鐵／提供)

這列行駛在二層行溪（今二仁溪）橋上的列車，客車的部分，全是日據後始購入的三田製作所製造之二軸木造客車。

從二軸木造客車(行李車)，改為守車，再改為蓬車的台鐵3CK900型貨車。洪致文／攝

廢棄在台東的3CK900型（圖中的這輛曾被改造為工程用車，所以右邊的車窗是多挖的）。洪致文／攝

的調查已是眾說紛云，有40輛、25輛、30輛……各種說法，不過1895年日本佔有台灣之時的調查，據說是有客車20輛。這20輛車中究竟有幾輛是二軸客車、幾輛是有轉向架的客車於今已不清楚，不過在明治32年（1899年）的統計中可以發現，當時台灣鐵道一共只有35輛客車(不含行李車)，除了15輛的轉向架式車外，其餘的20輛全是日據之後才入籍的二軸客車。

這批二軸客車是胎死腹中的台灣鐵道會社所訂購的車輛，在該會社解散之後，由鐵道部接手所引進。當時（大約1899年）抵台的50輛客貨車，係日本的東京機械製造株式會社三田製作所所製造，內含26個座位的一等客車4輛，50個座位的三等客車16輛（其中2輛有靱機設備），有蓋貨車30輛(其中3輛有靱機設備)。20輛的二軸客車中，北部線配屬一等車3輛，三等車8輛，其餘則在還未全線通車的縱貫鐵路南部段運用。

一直到1902年之前，台鐵的二軸客車就僅只有這一批，明治35年度（1902年）才開始又有其他的二軸客車在增備轉向架式客車的同時入籍。

由於創始時代的台鐵是以二等制（一等與三等）來做車廂分等，所以並無二等車的出現，直到明治39年（1906年）列車分等改為三等制，才有二等客室的問世。

1903年度，台鐵的二軸客車突破40輛；到1908年縱貫線全通時，總數已達65輛。其中出現過的車種，有一等車、三等車、一三等合造車、三等旅客手荷物合造緩急車、旅客手荷物郵便合造緩急車。其中的一三等合造車，正是台鐵客車二等制時代的見證。它們最後4輛活到大正5年度（1916年）時，4～6號被改為二等車16～18號；7號被改為一等車7號，而車種消滅。大正6年度的統計，二軸客車的在籍記錄，則為一等車12輛、二等車19輛、三等車25輛、三等旅客手荷物合造緩急車5輛、旅客手荷物郵便合造緩急車27輛及1輛可能亦為二軸車的「患者用寢台車」。

昭和元年（1926年）度的統計，二軸客車有定員20人一等車1輛；22人二等車2輛、24人二等車5輛；40人三等車3輛、42人三等車20輛；旅客手荷物緩急車50輛、郵便緩急車5輛、旅客手荷物郵便合造緩急車4輛。

當作載客用的二軸車廂已漸漸減少，但裝行李、郵件的車輛則漸增。

昭和3年度（1928年），有34輛的二軸旅客手荷物緩急車被改造為「車長緩急車」登場，即是光復後的3CK900型。1931年度，又有6輛的旅客手荷物緩急車及6輛的郵便緩急車，同樣被改造為車長緩急車，運用在貨物列車中。這些車當中的部分，因被轉賣到台糖，所以直到1996年，都還可在花東地區的糖廠看見。

事實上，相對於這批改造為貨車的二軸客車，其他二軸車（或稱四輪車）的量數已越來越少。昭和5年度(1930年)，有1輛定員40人及2輛定員42人的三等二軸客車被改造為定員60人的「三等附隨車」，掛在內燃客車的後面當拖車使用。除了這3輛車，當時在籍的二軸客車，僅剩定員42人的三等車3輛、旅客手荷物緩急車11輛、旅客手荷物郵便合造緩急車4輛及郵便緩急車10輛。昭和9年度的統計，三等車、三等附隨車、旅客手荷物郵便合造緩急車的數目不變，旅客手荷物緩急車剩5輛、郵便緩急車剩2輛。這群二軸客車，在光復後的接收並無記錄，而今殘存的，大概只有那批賣到台糖的原郵便緩急車或旅客手荷物緩急車了。

台鐵小型木造客車

光復後造的30SP2502號（後改30ES2502號）。洪致文／攝

　　1902年，台鐵的木造客車開始朝向「標準化規格」來製造，其車長13.8公尺，車寬2.56公尺，車身斷面最小，故以「小型木造車」稱之。

　　這樣的小型木造客車定義，是出自台鐵的員工教材「客貨車概要」中所述，但實際上很多編號在小型木造客車項下的客車，不只車寬、甚至連車長都與中型、大型木造客車相仿，唯一的合理解釋，大概是它們經過更新，車體變現代了，但「名字」——車號繼續使用而造成的吧?

　　1904年台鐵的花車SA4102問世，同時出廠的還有瞭望貴賓車20FOB2001號。1906年台鐵原有之頭、參等兩級制增加了二等車之後變為三級制，乃有SP及

FSP車的出現。1909年，北廠首度自製了行李車，此即為光復後之30BK2000型。1910年為了配合台北、高雄間的直通列車，出現了25TPK2000型車3輛。

　　1919年至1921年小型木造客車的生產末期，部分出廠的客車改用單層圓頂，但裝的通風器卻為魚雷型的設計，1920年至1921年間出廠的25TP2070型客車即屬此類。

　　北廠（日據時代原名為「台北鐵道工場」，即今台北機廠前身，以下均簡稱「北廠」），在1927年改造了5輛，1930年又改造了1輛的「三等汽動附隨車」。它們其中的3輛一直使用到光復之後，其特徵是左右兩側均有兩扇1.1公尺的拉門，為台灣鐵路最早的通勤型客

原為25TPK2053號的三等客車（後改25ES2053號）。
洪致文／攝

三等小型木造客車內部。

右邊的客車，毫無疑問的是小型木造客車。

在集集線行駛的小型木造客車。洪祖仁／攝

車。它內有座位（長條椅）可供40人坐，連同站位定員120人，並無廁所的設置。其車頂為「雙層式」，裝有魚雷型通風器。這6輛車在昭和13年度（1938年）時被改稱做「職用車」，定員110人的3輛代號為コヤヨ，定員120人的3輛為ホヤヨ。光復後的接收記錄，這6輛車變為「公務車」，全屬待修的損壞車輛。其中的20SC2200型（2201～2203）3輛，在1948年即改回20TP2220型（2221～2223），車內的座椅配置為「非」字形排列，共可坐56人。除了2222號裝TR11型轉向架，其餘2輛用的則是TR10型。

　　若我們以車號的系譜來分析這群台鐵的小型木造客車，依台鐵的車輛編碼方式來看，只要找無萬位數

的客車即是了。其千位數除了花車、公務車外均為「2」，代表的即是「二軸轉向架式客車」。光復後仍存在的車輛，製造廠幾乎全是北廠，僅少數為日本的「汽車會社」。而其年代以1910至1920年間為多，可稱為是「小型木造客車生產期」。

　　若我們從車輛編號上來分析，很容易便可發現，2000型系列為其主型，但部分的2010型系列三等客車，則可能與初期的三等客車有所差異（前後年代相差近10年），所以才新增此一子型供新增備車使用。

　　2010型系列以降的各系列車輛，諸如2020、2030、2040、2060、2070、2080、2090等系列，都可說在相同的理念下所衍生出的產物。而且，其車種、輛數都

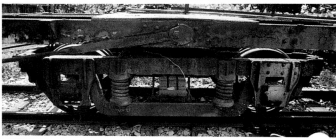

在新店線行駛的奇怪小型木造客車, 其拉門
不設在兩端, 有通勤車的味道。洪祖仁／攝

台鐵小型木造客車早期所使用的轉向架,
圖為廢棄在花蓮機廠者。洪致文／攝

北廠在1916年新造了一批二‧三等合造車25STP2000型, 首度
裝設均衡梁式轉向架 (TR-12型)。其中的25STP2007號於
1952年改為三等的25TPK2203號, 廢車後, 車底架留在北廠
裏面。洪致文／攝

不多, 可說是三等客車的各種「衍生型」, 可見當時三
等車之重要。多數的台灣人, 可是坐不起二等車的啊!

2100型系列以降的車輛, 諸如2110、2200、2210、
2220、2300、2400、2450、2500等系列, 就全是木造
車的更新改造車。木造車的更新, 其實是可以只剩車
架及轉向架留用, 其餘完全「重新製造」的。在日本
的鐵道史上, 就有高貴的頭等寢台車, 直接被改造為
郵政行李車的紀錄, 所以這些木造客車的改造後面目,
可能就會改變得十分驚人。也或許就是這個原因, 才
造成很多小型木造客車, 在光復後呈現的竟會是中型、
甚至大型木造客車的樣貌。

從現存的資料中可以發現, 幾次較有系統的改造

(並改車號) 紀錄如下:

(1) 昭和16年 (1941): 有3輛的三等客車及三等
行李車 (共6輛) 被從2000型改為2100型; 同時, 亦有
數輛的二三等合造車也在此時被改為三等車2110型。

(2) 民國41年 (1952): 台鐵在這一年, 把2000
型的二三等合造車改為三等的2200型, 又把2020型的
二三等合造車變為三等行李車2200型及三等車2300與
2400型。其改造目的, 似乎是要把小型木造客車的二
等客室全部消滅, 使其殘存的全為三等客車, 所以專
挑二三等合造車下手。(日據時代, 台灣沒有全車二等
客室的小型木造車存在)

這兩次的木造車改造紀錄, 因有牽涉到車種的大

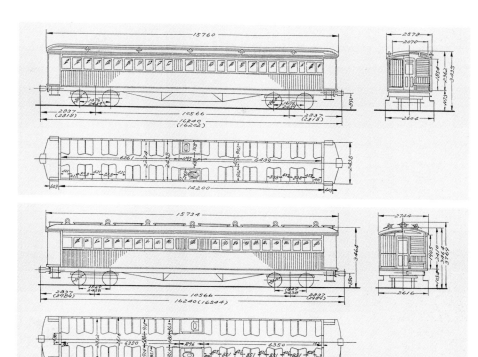

25TP2000型形式圖。
（台鐵／提供）

25TP2060型形式圖。
（台鐵／提供）

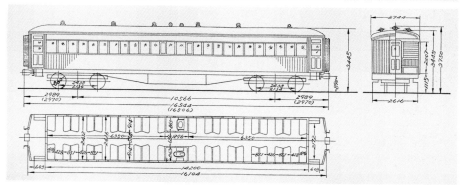

25TP2070型形式圖。
（台鐵／提供）

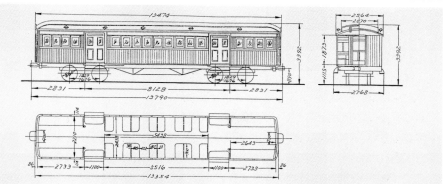

20TP2220型形式圖。
（台鐵／提供）

改變，所以形式亦跟著變，推測應有不少的其他小型木造客車，是在不改名換姓的情況下更新的，因此才沒有確切紀錄留存下來。

在整個木造客車的生產年代分析上，很意外的在光復後的民國42年 (1953年) 9月至11月間，竟然又有小型木造客車5輛的出廠，其編號為30SP2500型，同形式至少有5輛的生產。現存的鋼樑廠工程宿營車30ES2502號，便是原編號30SP2502號的其中1輛。其

車底架雖為小型木造車的寬度，但車身側板卻向外多突出了許多，故寬度實與大型木造客車無異；而且，整輛車的製作，可說是以鋼體車的標準來設計的呢！依其車架底下「原型」判斷，這幾輛有可能為「戰災復舊車」，由台北機廠自行拼造出廠，故可算是小型木造客車群當中的異數——台鐵居然在小型木造客車不再生產的30多年後，又再度生產，可見當時物資缺乏的嚴重！

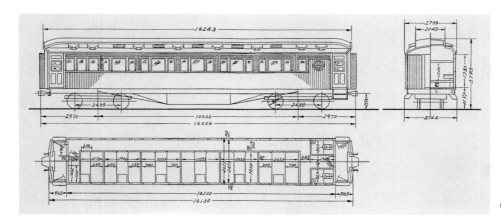

25SS2000型形式圖。
(台鐵／提供)

小型木造客車系譜 （戰後之形式分類）

	形式	車號	製造年	製造廠	備註
2000系	20FOB2000	2001	1904	北廠	瞭望貴賓車
	25FP2000	2001, 2002	?	北廠	1949.10改為25SS2001及2002
	25FS2000	2001	1911	北廠	
		2002	1912	北廠	
	25FSP2000	2001	1917	北廠	1938.10改為25HC2001衛生車
	25STP2000	2002, 2004	1916	北廠	於1941.12改為25TP2110型
		2005	1916	北廠	於1951.11改為25TP2302號
		2001, 2006	1916	北廠	於1952改為25TPK2200型
		2007	1916	北廠	
	25SS2000	2001, 2002	?	北廠	參考25FP2000型
	25TP2000	2005	1908	北廠	
		2006～2010	1909	北廠	
		2011～2012	1910	北廠	
	25TPK2000	2001～2003	1910	北廠	參考25TPK2100型
		2004～2006	1912	北廠	
		2007	1914	北廠	

	25TMK2000	2002～2003	1920	北廠	
		2005	1921	北廠	
	25TBK2000	2001～2002	1912	北廠	於1941.9改為25TBK2100型
	25DC2000	2001～2004	1912	北廠	部分於1958.8改為30TP2450型
	30BK2000	2001～2003	1909	北廠	
		2008～2010	1918	北廠	
	25HC2000	2001	1917	北廠	參考25FSP2000型
2010系	25TPK2010	2011, 2013	1918	北廠	
		2015	1918	北廠	
		2016～2020	1919	北廠	
		2022, 2023	1920	北廠	
		2025			
	25TBK2010	2011～2015	1915	北廠	2014在1941.9改為25BK2103號
	25TMK2010	2012	1915	北廠	
		2013, 2015	1916	北廠	
		2017	1916	北廠	
		2019	1916	北廠	於1950.10改為25SC2019號
	25SC2010	2019	1916	北廠	參考25TMK2010型
	30BK2010	2011	?	?	於1959.11由25TP2103改造而來
		2013	?	?	於1959.11由25TP2017改造而來
		2015	1912	汽車會社	於1960.1由25TP2091改造而來
2020系	25STP2020	2021	1915	北廠	後改為25TBK2201號
		2022, 2023	1921	北廠	後改為25TBK2200型
		2026	1921	北廠	
		2024	1921.7	北廠	於1952.1改為25TP2404號
		2025	1921.7	北廠	於1951.11改為25TP2405號
	25TBK2020	2021～2022	1915	汽車會社	
	20BK2020	2021～2022	1919.9	北廠	
2030系	30TBK2030	2032, 2034	1916	北廠	
2040系	25TPK2040	2041	1915.11	北廠	
		2043, 2044	1920.8	北廠	
2060系	25TP2060	2061	1916	北廠	
2070系	25TK2070	2071～2074	1920	北廠	
		2075, 2076	1921	北廠	
2080系	25TP2080	2081	1908.12	北廠	
		2082, 2083	1915.12	北廠	
		2085	1912	汽車會社	
2090系	25TP2090	2091	1912	汽車會社	於1950.1改造為30BK2015號

		2094	1907	北廠	
2100系	25TPK2100	2010	1912	北廠	於1941.11由25TPK2004改造而來
		2102	1912	北廠	於1941.12由25TPK2005改造而來
		2103	1912	北廠	於1941.12由25TPK2006改造而來
	25TBK2100	2101	1912	北廠	於1941.9由26TBK2001改造而來
		2102	1912	北廠	於1941.9由25TBK2002改造而來
		2103	1915.2	北廠	於1941.9由25TBK2014改造而來
2110系	25TP2110	2111	1916	北廠	於1941.12由25STP2002改造而來
		2113	1916	北廠	於1941.12由25STP2004改造而來
2200系	25TPK2200	2201	1916	北廠	於1952.5由25STP2001改造而來
		2202	1916	北廠	於1952.5由25STP2006改造而來
		2203	1916	北廠	於1952.6由25STP2007改造而來
	25TBK2200	2201	1915	北廠	於1952.3走25STP2021改造而來
		2202	1921	北廠	於1952.4由25STP2022改造而來
		2203	1921	北廠	於1952.4由25STP2023改造而來
		2204	1921	北廠	於1952.5由25STP2026改造而來
	20SC2200	2201～2203	1902	北廠	參考20TP2220型
2210系	25TP2210	2212	1911	北廠	此車與25SC2212之關係待查
2220系	20TP2220	2221	1902	北廠	於1948由20SC2201改造而來
		2222	1902	北廠	於1948由20SC2202改造而來
		2223	1902	北廠	於1948由20SC2203改造而來
2300系	25TP2300	2302	1916	北廠	於1951.11由25STP2005改造而來
2400系	25TP2400	2404	1921.7	北廠	於1952.1由25STP2024改造而來
		2405	1921.7	北廠	於1951.11由25STP2025改造而來
2450系	30TP2450	2451	1912	北廠	於1958.8由25DC2002改造而來
		2452	1912	北廠	於1958.8由25DC2005改造而來
2500系	30SP2500	2501～2505	1952.9～11	北廠	
4100系	25SA4100	4101	1912	北廠	花車
	20SA4100	4102	1904	北廠	花車
摩斯車	25SC4	4	1953改造	北廠	公務車

台鐵中型木造客車

◈中型木造客車之製造背景

車長約16.6m中型木造客車出現的時代背景，其實與客車製作的標準化規格有很大的關係。大正10年（1921年），是該型車初次生產的年代。車輛編號方面，則是以加入了萬位數字的「1」，來代表「中型木造客車」。因此，1937年改號後中型木造客車的編號一定是「12×××」的形式。

在1921年出廠的30TP12000型三等客車，可說是中型木造客車之先祖。它為日本車輛所製造，定員80人，長寬高尺寸為16.582×2.731×3.798（單位：m），比小型客車在定員方面，可多增加10多人的容量。除此之外，北廠還在該年完成了二等的30SP12000型中型木造客車，及30TPK12050型的三等守車，亦都屬台灣初代之中型木造客車。

◈頭等臥車（25FS12000）之首次製造

大正11年（1922年），中型木造客車繼續大量製造中，除了30TKP12000（日本車輛製造），30BK12000型行李車（日本車輛製造），30MBK12000型郵政行李車與30BK12050型行李車（汽車會社製造）外，北廠也在這一年續造了25FFS12000型頭等客臥車，25FS12000型頭等臥車，30FSP12000型頭二等合造車，30TP12050型三等客車…。

其中，以首度出現的臥車最引人注目。因為，台鐵雖然在1912年製造了1輛定員5人的「患者用寢台車」（1921～1922年間報廢），但真正的旅客用臥車，應為這時期才出現。這款在當時稱為「一等寢台車」的新式客車，於大正11年6月出廠，共計製造了4輛，裝用TR-16轉向架。

該車在台鐵的紀錄中稱：定員10人，也就是有10個床位。不過據鐵道部年報的記錄，這些車似乎並非全為寢台設計，除了床位外還有頭等座席，等於台鐵戰後的稱呼「頭等客臥車FSS」（客車＋臥車）。

昭和元年（1926年）的鐵道部年報對該車的記錄並不詳細，昭和2年度則記載了該型車共有4輛，每輛有寢台定員6人，座位12人。昭和3年度則把其中2輛的頭等座席數由12人改為8人，寢台定員不變，因此該車

日據末期送軍隊出征時所留下的相片中，中間的這輛即是中型木造客車。

蒸汽車後的第一輛車，是中型木造行李車。

25FFS12000型形式圖。（台鐵／提供）

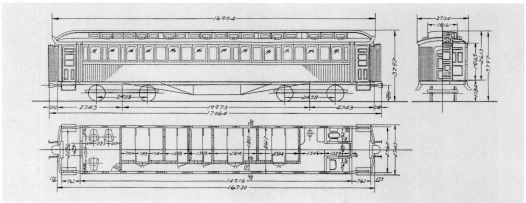

25FFS12000型的一等客室。

25FFS12000型的一等寢台內景。

此時共有二種形式存在。昭和4年，4輛車全改成了寢台定員6人，座席定員8人的車廂，並由一等寢台車更名為「一等寢台一等車」，是當時相當高級的車輛。

　　這4輛車在光復後的1948年3月又被再度改造，其中，12001及12002號仍留了3個座席，而把臥室部分增為8人（包括雙人臥室3間，單人臥室2間），改造方式只是單純地把4個較靠近臥室的座席，改成一間雙人房，更改的部分較少。12003及12004號則全車改為寢台而無座席，定員10人，車內空間有些許差距。

※最後的中型木造客車──成功號‧銘傳號列車中的三等車、郵政行李車

　　中型木造客車在1922年之後的各年間，都少量地繼續增備著，直到大型木造客車出現的1928年為止。

　　1927年，舊編號法300型（新編法12300系）的中型木造客車登場。這系列車除了二等車與三等車外，還包括了4輛編號301～304的食堂附三等車。它們以此形態一直行駛到1941年被改為三等客臥車（客席58人，寢台10人），然後在終戰前的1944年6月被改回純三等車，是為12350系列。這批車為北廠所製造，是戰前中型木造客車的最終期代表作。

　　昭和3年（1928年）台鐵開始製造大型木造客車，主要的改變是車窗的開啟方式由下降式改為上昇式，車長亦拉至17.26m，因此中型木造客車不再生產。不過相當令人意外的是：光復後的台鐵，竟在1949年為了招牌列車「成功號、銘傳號」，又重新製造了中型木造客車12500系列編掛於此列車中。

　　終戰後的台鐵客車新造工作，始於1949年製造的6輛宜蘭線用木造三等客車。至此年底，推測台鐵共利用戰前舊料重新拼造了中型木造客車30TP12500型三等車10輛，30MBK12500型郵政行李車2輛，運用於「特快對號車」中使用。民國40年登場的成功號（南下）銘傳號（北上）列車，其中的三等車與郵政行李車，掛的便是這款最新的中型木造客車。值得注意的是：該列車除了此兩型外，全為大型木造客車22500系列來編掛。只有三等車與郵政行李車屬於中型木造車，恐係製造當時使用的車底架為中型車者所造成。

※中型木造客車之最後下場

　　大多數造於戰前的中型木造客車，在過了近30年的歲月後，於1950年代開始被台鐵降等改造（由二等車改為三等車），民國47年開始的木造客車鋼體化，亦因它車身較大，不適宜行駛支線之類淨空較小路段，幹線上又有新鋼體客車加入行駛，所以多被抓去改造為32300系列鋼體車而不復舊觀。

　　這些32300系列的17m級鋼體車，在台鐵如一筆爛帳的車籍資料中，不少又被抓去改造為莒光號或復興號而「形式上」留存至今。

　　例如：大正11年由北廠製造的中型木造二等客車30SP12048號，及行李車30BK12008號，便有如下的奇怪改造身世。

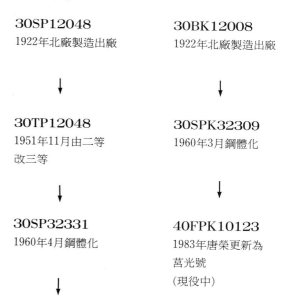

30SP12048
1922年北廠製造出廠

↓

30TP12048
1951年11月由二等改三等

↓

30SP32331
1960年4月鋼體化

↓

35SPK2233
1985年唐榮更新為復興號
（現役中）

30BK12008
1922年北廠製造出廠

↓

30SPK32309
1960年3月鋼體化

↓

40FPK10123
1983年唐榮更新為莒光號
（現役中）

　　若我們完全相信台鐵對這些車輛的紀錄，那麼你我即使在今天，也仍有機會坐到前身為中型木造客車的莒光號及復興號。然而事實上，台鐵這些車的「更新」，其實都等同於「新造」，原因乃是為了避免招標，用更新名義就可以私下與廠商協議了，所以每一階段

的更新、改造，留用的零件、部品應不會太多，如今現役中的復興號及莒光號，除了台鐵的一筆爛帳與1920年代的中型木造客車有關外，實質上根本是扯不上邊的兩種車。台鐵為了向政府高層力陳車輛老舊之時，曾於1994年由機務處編了「台鐵車輛」一書。它的內容把部分復興號的前身，都推算成了民國40、50年代鋼體化時的年紀，因此「暗示」了復興號已有30幾歲的歷史。事實上台鐵若要強調其車輛老舊，何不再把這些車的年齡繼續回推到1920年代初的中型木造客車，那它們可都有了近70歲的高齡了呢！

中型木造車客鋼體化時之部分記錄

原始種車	鋼體化後之車號	完工日期	皮重（噸）
30BK12009	35BK32306	1960.3.1	25.30
30TP12201	30SP32323	1960.3.19	26.75
30TP12074	30SP32324	1960.3.17	27.05
30TPK12053	30SPK32310	1960.3.28	27.25
30TP12044	30SPK32313	1960.4.9	27.60
30TP12008	30SP32328	1960.4.21	27.55
30BK12003	30SP32329	1960.4.23	27.60
30TP12057	30SP32332	1960.4.30	27.70

臺鐵中型木造客車系譜（戰後之形式分類）

	形式	車號	原始製造年	製造廠	備註
12000系	25FFS12000	12001～12004	1922	北廠	於1948改為25FS12000
	25FS12000	12001～12004	1922	北廠	參考25FFS12000
	30FSP12000	12001	1922.1	北廠	於1956.12改造為30SP12052
		12002	1922.12	北廠	於1956.12改造為30SP12053
		12003	1922.12	北廠	於1951.7改造為30SP12051
	30SP12000	12001, 12003	1921	北廠	
		12004	1921	北廠	於1952改造為30TP12041
		12012	1922	北廠	於1952改造為30TP12046
	30TP12000	12002～12003	1921	日車	
		12005～12010	1921	日車	
		12005～12010	1921	日車	
		12014	1921	日車	
		12019～12027	1921	日車	
	30TPK12000	12002～12006	1922.6	日車	
		12007	1921	日車	
	30TBK12000	12001	1920	日車	製造年代為台鐵紀錄，恐有謬誤。
	30MBK12000	12001	1922	汽車	
		12002～12006	1923	汽車	
		12010	1923	汽車	
	30BK12000	12001～12004	1922	北廠	
		12007～12009	1922	北廠	
		12011	1922	北廠	
12030系	30BK12030	12031	1921	日車	裝設TR12轉向架
12040系	30TP12040	12041	1921	北廠	於1952.1由30SP12004改造而來
		12044	1922	北廠	於1944.8由30SP12044改造而來

		12045	1921	北廠	於1951.9由30SP12045改造而來
		12046	1922	北廠	於1952.2由30SP12012改造而來
		12048	1922	北廠	於1951.11由30SP12048改造而來
		12049	1922	北廠	於1951.12由30SP12049改造而來
12050系	30SP12050	12051～12053	1922	北廠	(參考30FSP12000型)
	30TP12050	12051～12053	1922	北廠	
		12055～12057	1922	北廠	
		12059, 12060	1922	北廠	
	30TPK12050	12051	1921	北廠	
		12053～12055	1921	北廠	
		12052	1921	北廠	於1945年改造為30TPK12101
	30BK12050	12053, 12060	1922	汽車	
		12062, 12063	1922	汽車	
	30TBK12050	?	?	?	
	30MBK12050	?	?	?	
12070系	30TP12070	12071～12074	1922.11	北廠	1935.6改造車，原始車號不詳
	30TPK12070	12074	1921	北廠	於1938.9由30SP12010改造而來
12080系	30TPK12080	1208?	1922	汽車	於1944由30BK12060改造而來
12090系	30TPK12090	12092	1921	北廠	於1945由30SP12002改造而來
		12093	1924	北廠	於1951.10由30SP12020改造而來
		1209?	1924	北廠	於1951.10由30SP12022改造而來
	30TP12090	?	?	?	
12100系	30TPK12100	12101	1921	北廠	於1945由30TPK12052改造而來
12300系	30SP12300	12301, 12302	1927	北廠	1927年年報記載有6輛（52人坐）
		12305	1927	北廠	
	30TP12300	12301, 12302	1927	北廠	1927年年報記載有8輛（64人坐）
		12304, 12305	1927	北廠	
		12307	1927	北廠	
	30TTS12300	12303	1927	北廠	於1944.6改為30TP12353（原客室58人、寢室10人）
12350系	30TP12350	12353	1927.12	北廠	於1944.6由30TTS12303改造而來（客室58人、寢室10人）
12370系	30TP12370	?	?	?	可能為改造車
12500系	30TP12500	12501	1949.7	高廠	
		12506	1949.10	高廠	
		12508	?	?	於1960.1改造為30TPK12508
	30TPK12500	12502, 12503	1949	高廠	此型車極可能全為30TP12500之改造車
		12505, 12507	1949	高廠	

	12508	?	?	可能仍為高廠1949出廠 （參考30TP12500）
30MBK12500	12501	1949.7	北廠	裝設TR16轉向架
	12502	1949.10	北廠	

台鐵大型木造客車

◈大型木造客車之製造背景

　　根據台鐵的說法，昭和3年（1928年）開始製造車長17.26m的大型木造客車。其車廂設計上最大的特色，便是把過去沿用的下降式車窗，改為上昇窗，因此在外型上極易分辨。之所以會有這樣的改變，乃是因為下降窗容易使雨水滲入車側壁板內，造成腐爛，改為上昇式車窗便可避免此一情形。據鐵道部年報的記錄，最早使用上昇窗的客車，是首度於昭和3年度（1928年）出現於年報的二等寢台車30SS22020型4輛（寢台定員20人，座位定員20人）。

　　基本上，1928至1931年間為台鐵日據時代大型木造客車的主要生產期，不過在1935年時，亦有22000系列的登場。該型車配合鋼體車32000系列的新編號法，首度使用了22×××來代表大型木造客車。等到1937年全面大改號時，因22000型的編號已被使用，數目較多的前期主流大型木造客車，只好編入22020與22050系列之中。

　　它們的基本規格，二等客車定員52人，三等客車定員80人。1928至1931年度的車輛製造統計，共有二等客車19輛，三等客車30輛，三等緩急車(附手軔機)10輛，均為大型木造客車全盛期的產品。

　　根據台鐵的記錄：1933年還由北廠製造了大型木造三等寢台車30TS22020型，該款車臥舖定員39人，皮重27.83噸，共有3輛。1935年度這3輛車改裝鑄鋼製TR-18型轉向架時，又同時增備了同型車1輛。

◈鋼體客車時代下的木造客車——成功號
・銘傳號列車

　　在1935年，日本為了盛大舉辦領台40年的台灣博覽會，除了引進最新銳的C55型蒸汽機車外，還首度購

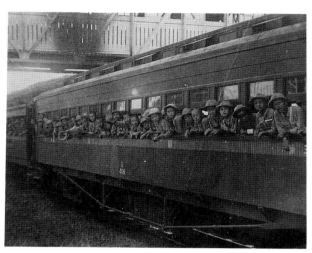

仍為舊編號時代的大型木造三等客車。

三等寢台車 30
TS22020型內部
走道。

最早登場的大型木造客車
30SS22020型二等寢台車
內裝。

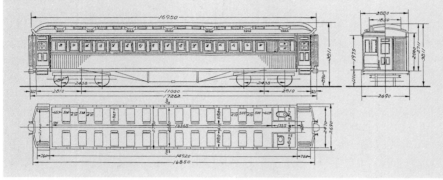

30SP22020型(原30TP220
20型,1952年內部改造)形
式圖。(台鐵/提供)

入「鋼體客車」。這個台鐵車廂設計上的改變,可說是個劃時代的進步。不過光復之後,物資缺乏,台鐵內部有不少人認為「木體客車,造價低廉,頗為經濟」,因此,以鋼體客車技術,製造的木造客車便因此而生。像是1953年,台鐵造了後來在鋼樑廠宿營車中使用的二等客車30SP2500型。台鐵認為:這車可與向日本採購之平等號客車(1951年,日本車輛製35TP32200型)媲美!

事實上,鋼體客車時代下的木造客車,最令人印象深刻的,當屬成功號、銘傳號客車了。這款國民政府遷台時期才突然登場的優等客車,外型充滿了「大陸派」的風味,與台灣多數走日本系統的車廂不同。除了在中型木造客車部份已介紹過的三等客車與郵政行李車,較重要的該系列車種,都編入22500系列的大型木造客車項下。

民國38年7月,北廠製造了頭二等瞭望車

30FSP22500型2輛。它的外觀,就是引人注目的流線形圓弧狀。這種客車的構形,在中國大陸或美國十分常見,不過在台鐵卻是首度出現。由其內裝看來,裝飾並不豪華,與日據時代精雕細琢的木造客車有很大的差異。除了造型特殊外,實在有愧稱為頭二等車。

在當年成功號、銘傳號的列車編組中,還有二等客車與餐車掛於其中。民國38年,台鐵北廠造了二等客車30SP22500型2輛接於頭二等瞭望車之後。這批車在當時還試驗使用了「連續密閉風檔」,車頂也採用新式的切平形狀,不再作成收縮的圓頂樣式。同年,台鐵還造了餐車30DC22500型2輛,它的內部餐桌為斜角式排列,相當有特色,每張餐桌的車側牆壁上方,還有一燈往下照射,十分有氣氛。

民國43年5月,北廠又造了二等臥車30SS22500型1輛,它雖編入成功號、銘傳號的22500系列之中,不過卻不曾掛入白天行駛的成功號、銘傳號之內,借用

30FSP22500型外觀。

30FSP22500型瞭望室內景。

其形式號碼的解釋較為可信。

民國42年12月1日，台鐵取消了客車等級制後，成功號、銘傳號的列車名雖然繼續沿用，不過規章上的編成卻變為「特快對號車＋平等客車＋客廳車＋餐車」。名義上是取消了頭、二、三等的分級制，不過所謂的客廳車票，不又是另一種權貴階級的象徵？

民國45年2月1日的改點，這兩列車名正式消失，車廂仍繼續使用在其他車次中，不過它做為台鐵優等客車招牌的時代，倒也在此際真正結束了。

※ 大型木造客車的最後下場

基本上，大型木造客車的最後下場，與中型木造客車類似，我們於今已無法找到一輛完整保存的此種規格木造車輛，只能由車籍上的演變，去「遙想前世今生」。而其中，較有趣的，當屬現為電源行李車的1輛三等車，以及由成功號、銘傳號車尾端頭二等瞭望車改造來的復興號守車了。其演變過程如下：

30TPK22053
1931年北廠製造出廠

↓

30SP32322
1960年3月鋼體化更新

↓

45PBK32862
1987年更新為莒光號
電源行李車

30FSP22502
1949年7月北廠製造之成功號
銘傳號頭二等瞭望車

↓

30SPK32316
1960年4月鋼體化更新

↓

35SPK2152
1985年更新為復興號客車

大型木造客車現今1輛不剩的結果，可說相當悲慘，尤其成功號、銘傳號客車，用了差不多十年就被抓去鋼體化更新徹底改造，更是種短命的火車。也許，當我們有幸坐到由大型木造客車改造來的車廂，就只能抱著一種懷舊的心情去回想了！

臺鐵大型木造客車系譜（戰後之形式分類）

	形式	車號	原始製造年	製造廠	備註
22000系	30TP22000	22001～22006	1935.7	北廠	
	30TPK22000	?	?	?	
20020系	30FFS22020	?	?	?	
	30FS22020	?	?	?	
	30SP22020	22021～22024	1928	北廠	52人坐
		22025～22028	1929	北廠	

		22029～22037	1930	北廠	
		22038～22039	1931	北廠	
		22041, 22042	？	？	於1952由30TP22020型改造而來
	30SS22020	22021～22024	1928	北廠	上下二段,白天下段一般座席,定員20人
	30SPK22020	22032	1930	北廠	於1956.1由30SPK22032改造而來(52位)
		22035	1930	北廠	於1956.1由30SPK22035改造而來
		22039	1931	北廠	於1956.2由30SPK22039改造而來
	30TP22020	22021～22034	1928	北廠	22030於1952.11改造為30SP22041(64位)
		22035, 22040	1929	北廠	
	30TS22020	22021～22023	1933	北廠	座位52,床位39,分上中下三段
	30TPK22020	22021～22023	1928.9	北廠	60人坐
		22024	1929.8	北廠	
22050系	30TP22050	22051, 22052	1929	北廠	80位舊式客席
		22053, 22054	1930	北廠	
		22055, 22056	1931	北廠	年報記有4輛,應為22055～22058
		22058	1931	北廠	
	30TPK22050	22051～22054	1931	北廠	
		22056	1931	北廠	
22500系	30FSP22500	22051, 22052	1949.7	北廠	
(成功號、	30SP22500	22501	1949.7	北廠	
銘傳號客		22502	1949.10	北廠	
車)	30SS22500	22501	1954.5	北廠	
	30TP22500	22505	1949	北廠	參看30DC22500型
	30DC22500	22501, 22502	1949	北廠	於1958.9改造為80位之30TP22500型

最後的台鐵木造客車

台鐵所有活到最後的木造客車，全部都是編號屬於小型木造車的車種。除了花車、瞭望車、公務車……這幾種較高貴車廂因其特殊身份而多活了許多年外，位於烏日的鋼樑廠需要「工程宿營車」（給員工出外維修時，能有休息、住宿空間，而特別改造的車輛），亦意外地保存了一些木造客車下來。

❖鐵道上的行宮─25SA4101

大正12年（西元1923年）4月，還是攝政皇太子的裕仁，搭著金剛號戰艦抵台訪問。他在4月12日從日本搭船出發，16日中午進基隆港，一直到27日搭船回日本，5月1日抵橫須賀軍港，在台停留約10天的期間，多次搭乘鐵道部所特別準備的「御召列車」。像是4月19日上午8:40（1017次自強號時刻?），裕仁從台北驛上車坐到新竹（10點30分到著），便是坐著他的那輛「貴賓車」出巡。

裕仁坐的貴賓車，即是1912年完成，光復後編為25SA4101號的木造花車。這輛車內的彩繪玻璃、木雕精細度，均較20SA4102號還要巧奪天工，廁所的橢圓設計，巧妙地鑲進了兩個一正一反的三角形。此菱形狀的標誌，其實便是台灣總督府的Mark，在這輛特殊火車的窗戶上出現，其實一點也不令人意外。（只是，為什麼要裝在廁所這種地方呢?）

光復後，蔣中正總統亦曾坐過這輛車出巡，只是他大概不曉得車上的窗戶是台灣總督府時代的遺物，車門把上的御紋章更是「日帝的餘毒」。

今天，我們或許能較以客觀的態度來面對這輛歷史意義非凡的火車。不管，是因為裕仁坐它，或者是蔣中正總統坐過它，以鐵道車輛史的意義來看，本世紀初期的台灣火車，其實已剩不到幾輛，無論如何，

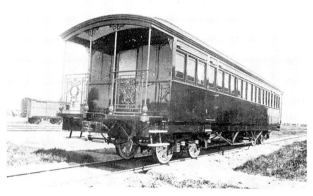

造於1904年的SA4102號日據初年的樣貌。

近處者為SA4101號，遠處者為SA4102號。
鄭銘彰／攝

1923年4月皇太子台灣行啟時以70型蒸汽車牽引的
御召列車。

日本1910年新橋工場製的明治天皇乘用6號御料車，
其製造年代，剛好介於台鐵SA4101號與SA4102號之
間，現保存於明治村之中。洪致文／攝

SA4101號內裝。鄭銘彰／攝

它都將是台灣鐵道最珍貴的至寶，最重要的鐵道文化財！

※台灣僅存最古老的客車—20SA4102號

　　台灣目前僅存的火車當中，蒸汽火車方面最老的當屬新公園內的那二輛老火車，但是客車呢？有案可查的，就只有造於1904年的花車20SA4102號了。

　　20SA4102號因為它有著總督座車，以及搭配25SA4101號出巡的功能，所以保存狀況極佳，反倒是光復後亦有省主席…等大官多次搭乘，在東勢線通車時大出風頭的瞭望貴賓車晚景淒涼，且已被解體而消失。

　　20SA4102號在《台灣鐵道史》一書中有張珍貴的早期寫真留傳下來。由此觀之，其兩端車門及雙重車頂的現狀是經過改造的。在早期，其兩端的鐵欄杆裝飾極為華麗，連車輪的花紋亦沒忽略。改造後，轉向

架變為TR16型，連車頂也改為魚雷形通風管，整輛車大概除了中間車體沒變外，上下前後均已不復當年。

※摩斯車‧公務車

　　在1980年被改裝為長條椅通勤客車，而意外於淡水線登場的30TPK2002號木造客車，其實就是1953年台鐵為了美籍顧問Morse而特別改造的「摩斯車」；而它在台鐵車輛的編號上，則用了空前絕後的奇怪代碼25SC4來稱呼它，亦相當令人費解。

　　這輛車雖有廚房、寢室、辦公室……等設備，不過在製作上仍可見其粗糙的程度。它的瞭望台與車底結構，大致上與1904年出廠的頭等瞭望車相同，但是細部的構造則相差較多。在車身的設計方面，它兩側的木造車壁為一條條的長條式，車窗配置為了遷就瞭望室，除了車尾是4個連續的窗外，餘均為2個一組的設計，每一側共有四組（共8個窗戶）。其車頂為雙層

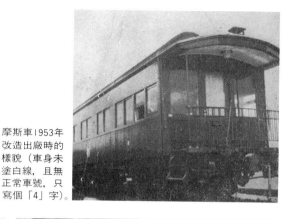

摩斯車1953年
改造出廠時的
樣貌（車身未
塗白線，且無
正常車號，只
寫個「4」字）。

SA4102號外觀。鄭銘彰／攝

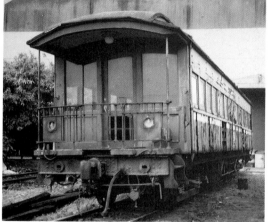

摩斯車端面。洪致文／攝

摩斯車外觀。洪致文／攝

左側的摩斯車，是仿右側頭等瞭望車的瞭望台改造的。洪致文／攝

樣式，但裝用的並非魚雷形通風器，而是種與大型木造客車相同的箱形通風器。

民國69年它在被台鐵神秘保存多年之後，車內的特殊設計也被撤去，改為長條座椅，掛在淡水線列車的尾端運用。民國72年它遭報廢停用，放置於台北機廠戶外十多年，於1995年3月被台鐵拆毀，而結束傳奇一生。

❖頭等瞭望車

造於明治37年（1904年）的SA4102號花車之姊妹作，那即是同年完成的20FOB2001號頭等瞭望車。它可說是台鐵瞭望客車之祖，亦是本世紀初總督府鐵道部的「看板列車」。車輛製作上相當用心而且細心，車側木板及室內裝飾，都比同時期的其他車廂要考究。

這輛車最早是以「一等轉向架式客車第二號」的名稱存在，大正11年度（1922年）改裝設沙朗式連結器，並改造一端為瞭望台，稱做「一等展望車」（コイテ）。

它的雙層車頂裝用魚雷形通風器，以車輛中心為界，靠瞭望台一端的瞭望室有較大窗戶的設計，另一端則都屬小窗，而中間以廁所及洗面台區隔，定員24人。

它在東勢線通車時，曾風光地上路，亦是政府官員出巡時愛搭的特殊車廂。與摩斯車相同的是：於民國69年改為長條座椅，用至民國72年報廢，被台鐵丟棄在台北機廠直到1995年3月解體，令人相當遺憾。

❖鋼樑廠宿營車

台鐵為了鋼樑廠員工四處維修鋼樑橋時，能有個住宿、落腳之處，因而改造了一些客車，專供這些員工使用，此即「鋼樑廠宿營車」的來源。

最初，鋼樑廠宿營車共有4輛，分別為25TPK2050型25TPK2053號、25TPK2400型的25TPK2402號（1980年3月10日公告報廢）、及30SPK2500型的30SPK2502號與2505號（1994年6月11日公告報廢）。1995年的調查，只剩下車輛形式號碼在1991年1月30日更改的25ES2053號及30ES2502號。

25ES2053號最後的外觀，是單層圓頂加上常見的

頭等瞭望車外觀。洪致文／攝

頭等瞭望車內景的古今對照。

25ES2053號鋼樑廠宿營車。洪致文／攝

30ES2502號外觀內景（裝設TR-15型轉向架）。洪致文／攝

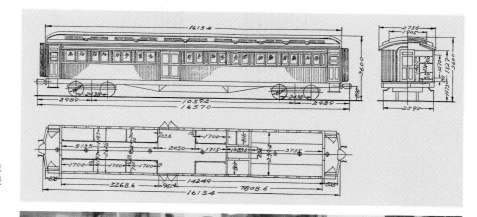

衛生車25HC2001號形式圖。(台鐵／提供)

1987年衛生車報廢之前的留影。古仁榮／攝

箱形通風器；車窗樣式為三個一組的窗戶五組，並無車側門設計，兩端均類似簡易瞭望台之構造，其裝設之轉向架為均衡樑式的TR15，車窗外還罩有防止蚊蟲進入的紗窗，亦為其特色。台鐵的資料中指出，其造於1921年，長寬高尺寸為16.544×2.744×3.750（單位：m），皮重22.20噸，有14個床位，可駛進支線。

30ES2502號則是造於1953年，外觀類似鋼體客車的木造車。它的車窗樣式為二個一組的窗戶八組，有車門及通道風檔，裝設TR15型轉向架，原為二等之30SPK2502號，長寬尺寸為17.262×2.900×3.780（單位：m），有8個床位，皮重24.70噸，民國80年1月才正名為30ES2502號。

除了這2輛還可看見蹤跡的鋼樑廠木造宿營客車外，過去有25TPK2402號，及30SPK2505號。前者的狀況不明，後者則可確知裝設的轉向架為TR14，有12個床位，外觀與30ES2502號幾乎相同。

◇衛生車

這輛現已消失不見的木造客車其實來歷亦很特殊，是1938年10月由頭二等客車2001號改造為25HC2001號而得。其原始種車，係1917年11月北廠所製造。除了車兩端有車門外，中間還增設一向外開的門，方便傷病者進出。此車過去常停在萬華站山側，車身藍色較深，還漆有紅十字標記。

這輛車在1985年6月25日，車號由25HC2001號改為25TP2001號，但內部仍設12個座位與14個床位。1987年7月2日時終於被公告報廢（最終時裝設TR-17型轉向架），是台鐵相當傳奇的一輛木造客車。

事實上，昭和13年度（1938年）進入戰時體制的台灣，出現的「病客車」並不只有光復後稱衛生車的這一輛。該年的大改造，從頭二等車改了2輛為寢台定員14人，座位定員12人的ホヘ2000型（即光復後25HC2000型）；二等木造客車改了8輛為寢台定員25人的病客車（ホヘ）；行李車改了1輛為寢台定員12人的病客車（ナヘ）。昭和14年度，日文標記ナヘ的病客車，有3輛又改回二等車（ナロ），但又改了1輛的二等車（ナロ）為寢台定員25人的病客車（ナヘ）。光復接收時到底殘存了幾輛病客車並不清楚，不過1948年的統計，衛生車僅剩1輛，其他日據時代的病客車，肯定是不以此形態留至此時。

台鐵的代用客車與代用行李車

◈25噸有蓋蓬車的誕生

在台鐵眾多的客貨車當中，昭和14年（1939年）7月首度購入的50輛25噸有蓋蓬車，可說是客貨車混造出來的一種兩用車種，天生便是做「代用車」的料。

這種10000型的鋼皮蓬車，最初的一批應為日本車輛所生產，長寬高為13.95×2.75×3.84（單位：m），車側每邊各設兩扇1.7m寬的雙開拉門，含車門窗，一側共有9個玻璃窗。其兩端加設一般貨車沒有的70cm寬拉門，方便貫通。這樣的車輛設計，其實與戰時物資、軍隊的運輸應有所關係。它最初裝設的轉向架為TR-76型，相當古老的菱形轉向架，後來才改為新式轉向架。

現為烏日鋼樑廠工程用車的25ES10015號，便是車身大致保持原型，仍有通風器的初代車種。

基本上，台鐵的這種10000型有蓋蓬車與日本貨車的發展亦有關係。日本類似這種有貫通門及車窗的貨車，始於1930年開始生產的ワキ1型。到了1937年日本車輛製蓬守車ワムフ1型的登場，其貨車部分的結構，與台鐵1939年購入的25噸10000型有蓋蓬車便幾乎一樣。事實上，台鐵後來稱做25C10000型的這種車，與日本同年登場的ワキ1型近乎完全相同呢！

◈戰後代用客車25TTP10000型的再生產

二次大戰後，物資缺乏亟待運輸，又缺少客車可供運用，這種可客貨車兼用的車廂，便大量誕生了。在日本，昭和24年開始首度製造的ワキ1000型，便是與台鐵型大致相同的產品。日本的這種ワキ1000型，隨著製造年的不同而多少有些差異。1950年登場的ワキ1000型，兩個拉門上已無車窗，夾於其間的窗戶也由3個變為2個。1951年再登場的ワキ1000型，則已完全無車窗。

台鐵於戰後的民國38至39年間，自行裝配了64輛（一說66輛）的代用客車25TTP10000型；其型態，其實就是25噸有蓋蓬車於內部加設木板長條椅而成，實在稱不上客車的設備，所以才叫它為「代用客車」。

古味十足的代用行李車。洪致文／攝

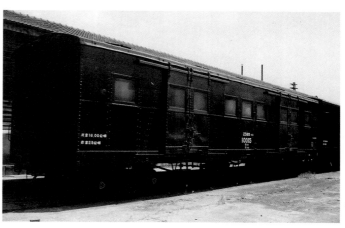

改為鋼樑廠工程用車的25ES10015號。洪致文／攝

在台鐵的記錄中，民國40年又造了2輛，民國42年8輛，民國49年11輛。在台鐵還沒有大量增備長條椅通勤型鋼體客車之前，這種代用客車，其實是相當好用的軍運（搭載全付武裝的士兵）車廂，甚至還曾改為「反共抗俄」列車風光一時。

❖代用客車→代用行李車

台鐵戰後的統計當中，除了自行裝配代用客車外，還把日據時代便已購入者加以改造。因此，代用客車（代用為三等客車）的總輛數，民國39年首度出現時，便有125輛之多。此盛況只維持到民國40年，民國41年便減至104輛，民國42年到45年則一直保持在68輛，民國46年後，更不曾多過50輛。

這些原本形式25TTP10000型的代用客車，並非報廢消失，而是改回貨車形式的25C10000型，做為「代用行李車」用繼續存在。因為它的車身結構與設備，離行李車也還有一段差距，所以沿續「代用」的名號，稱為「代用行李車」掛於旅客列車或行包專車之中。

❖18輛特殊改造的傷兵車

對於不少人來說，可能會記得在高雄港扇形車庫旁，曾停放了一堆代用行李車。這批編號雖同為25C10000型的車輛，其內部卻相當與眾不同。它除了有可供人坐的木板長條椅外，一根根直立的鐵欄杆，還有L型的倒勾可以來放擔架，它們即是經特殊改造的傷兵車。

據民國42年的資料，傷兵車共有18輛，分別是10111～10125號及10136、10137、10073號這幾輛。它們每輛的定員在使用時以80人計，並以三等車費來收取。車內裝用日光燈，而非一般的小燈泡，車內側板塗裝亦為客車用的淺藍色，感覺上與客車較為接近。至於車廂外觀，最大特色則是一直保留代用客車時代才需要的腳踏板，通風器亦多數存在。

❖再見！代用行李車

台鐵的代用行李車，其實不知不覺中一直在消失。您只要從台鐵喜歡拿通勤用長條椅鋼體客車來當行李

25C10049號。洪致文／攝

25C10060號。洪致文／攝

代用行李車時代內裝。洪致文／攝

改造為傷兵車，可掛擔架者的內裝。洪致文／攝

曾改為傷兵車的25C10111號。洪致文／攝

25C10111號車身留有「代用客車」以及紅十字的殘跡。洪致文／攝

25C10111號拉門下有代用客車時代的腳踏板。洪致文／攝

車用，便可知道台鐵的行李車都要來日不多了，何況是更爛的代用行李車。

最後使用代用行李車的班次，大概只有行包專車與往蘇澳有辦行包的少數普通車了。在台鐵1995年開始的大量廢車計劃中，代用行李車亦是要報廢的主力。內部有座椅，較不方便搭載行李，被改造為傷兵車的那一批最早廢車；之後又陸續報廢，以後殘存的，大概就只有改造為工程用的少數車輛了。

台鐵的謎樣客車

❖30SC32301號鋼體公務車

台鐵的公務車，其實就像「公務票」一樣，是特權階級的代表。光復後，台鐵為了各種不同的目的，改造了數輛的木造公務車供特定人士專用。1963年10月，台鐵唯一的鋼體公務車，亦是史上最後公務車由台北機廠製造出廠。

這輛車的形式為30SC32300型，係應軍方要求而造，屬鋼體化更新車，編號為30SC32301號。對於當時的台鐵而言，這輛車是屬於「密」級的神秘車輛。它裝用TR-17型均衡樑轉向架及柴田式自動連接器。車廂定員座位12人、臥舖12人，由外觀來看，連續4個車窗的部分，乃是8個座位的特別客室，其餘2個一組的車窗，則分別有四間與頭等臥車類似的單層臥室，以及四間與二等臥車相仿的雙層臥室。

它的存在可說相當神秘，出勤的紀錄更是少有，不過較為人所知的一次任務，是1966年8月21日蔣中正總統搭專車往福隆視察的那一次。當天，木造花車同時亦有出勤，牽引機車以S200型擔當，第一節客車便是這輛30SC32301號鋼體公務車。

❖25SC2019號孫立人總司令專用公務車

在民國50年3月台鐵車號的紀錄中，公務車的項下除了摩斯車外，還有1輛25SC2010型的木造公務車存

30SC32301號的相片不多，人群後的車廂即是它。

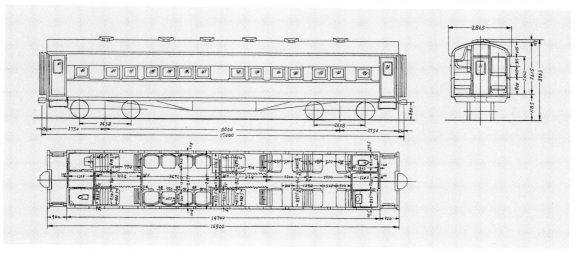

30SC32301號形式圖。（台鐵／提供）

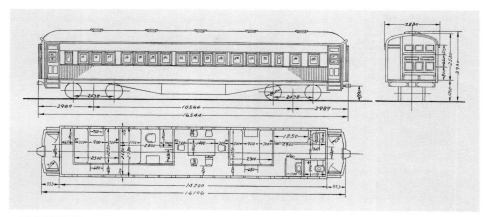

25SC2019號形式圖。
（台鐵／提供）

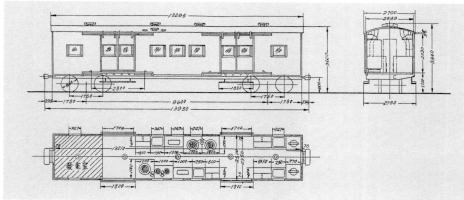

30KT10001號形式圖。
（台鐵／提供）

在，此即為編號25SC2019號的孫立人總司令專用公務
車。

　　這輛車的原始種車25TMK2019號係造於1916
年，於1950年10月改造為公務車25SC2019號，裝設TR
－16型轉向架。

　　這輛車的定員為座位8人，臥舖10人，民國42年12
月起取消客車等級制後，租用此車的換算方式，白天
要收客廳票26張之金額，夜間則要客廳票13張，單層
臥票及客票各5張，與雙層下舖臥票5張，光看其收費
方式，便可知其設備之特殊與不凡。此車當時因屬孫
立人總司令專用，因此後來台鐵員工對其多三緘其口，
直到民國80年代，仍有人絕口不提此車。

❖30KT10001號給養車

　　台鐵給養車的英文代號為KT，其原文Kitchen
Car，便很傳神地說明了它車身上搭載的是廚房及炊
煮用具。它的形式為30KT10000型，只有1輛叫
30KT10001號。原始種車為1939年日本車輛製造的載
重25噸篷車，後來改為代用客車25TTP10001號，於
1952年再改造為給養車，1986年9月5日公告報廢解體。

　　它裝設的轉向架為TR-76型，連接裝置為柴田式
自動聯結器，兩側像行李車的大車門，亦都有裝設腳
踏板方便上下。民國42年時的租用規定，係以定員80
人的三等車費來計算，屬於台鐵極為特殊的一種不常
見車廂。

飛奔中的餐廳——台鐵餐車

❖台鐵食堂車之誕生

日據時代台鐵食堂車的情況，其實是相當地不明朗，台鐵出版的「中國鐵路創建百年史」中之各項記錄，據考證後「可信度」都有問題。反倒是昭和6年（1931年）11月，由台灣總督府出版的「台灣鐵道概況」一書的記載，與機務上的數據較為吻合與正確。

該書中記載：大正元年（1912年）起，晝間直行列車（縱貫線全通車）加掛「一等食堂車」，大正12年度（1923年）起，亦有加掛「三等食堂車」的列車開始行駛。由大正6年（1917年）的鐵道統計中可以清楚發現：食堂附一等車共有7輛（造於1912～1914年間），這幾輛車的其中部分（或全部），即是台鐵食堂車之祖。

台鐵的初代食堂車，並非全車都為食席，而是與一等客室合造的車輛。1912年開始加掛行駛的「食堂附一等車」，係小型木造客車時代的產品。它的車內定員，每輛有一等座席18人，食席8人，7輛現役車皆為如此。昭和9年度（1934年）其中的4輛，因為原來的料理室太過狹窄，因此將其內的食堂與料理室加以改造，完成後的新面貌，一等客室定員變成12人，食席11人。昭和10年度，同樣的情況又改造了3輛。昭和11年度（1936年），是台鐵完完整整全車為「食堂車」的車廂終於出現。該年度台鐵把3輛一等食堂車（ホイシ）改造為食堂車（ホシ），使得食堂車終於擺脫要與客室合造，空間往往不足的缺點。

1923年，台鐵初代的食堂附三等車登場。這5輛車的車內相當狹窄，每輛定員食席有10人，三等座席竟高達40人。它們係拿1912年入籍時，便付有賣店的5輛定員60人三等中型客車改造而來。昭和2年度（1927年），這5輛車被改造為定員72人的三等緩急車（守車），另新造了4輛每輛定員食席12人，三等座席28人的新車

來置換（它們是後來改為三等客臥車的中型木造車）。

台鐵的食堂車在中日戰爭開啟之後，鐵路機務列為機密的狀況下變得情況不明，不過光復接收時的資料顯示，共有餐車5輛，民國38年（1949年）的統計更指出：5輛餐車中年齡最老者已有37年，平均使用時間則為36年，幾乎可確定食堂附三等車早在戰爭中被改為其他種類車輛或遭轟炸毀損，殘存者應全為那一批初代的食堂附一等車。

❖木造餐車25DC2000型

經過了無數的曲折過程，台鐵食堂車於光復後改稱為餐車。這最古老的5輛，全被編為25DC2000型，分別為25DC2001～2005號。

根據台鐵機務方面殘存的記錄，可以確定25DC2001～2004號造於1912年，25DC2005號狀況不明。前4輛在光復後的情形為定員24人，包含4人1桌的餐桌4張，2人1桌的餐桌4張，電扇4具，裝設TR-16型均衡樑式轉向架，內部相當豪華高雅。

1958年8月，25DC2002與2005號被改造為30TP2450型三等客車2451與2452號，1959年又有2輛從餐車的項下消失，民國50年時的台鐵形式統計，它們並未被「消滅」，但最後剩下的，就只有25DC2003號1輛了。

台鐵戰後的餐車記錄，除了這5輛老車之外，1949年曾為了成功號與銘傳號列車，造了2輛大型木造餐車30DC22500型，分別為30DC22501與22502號。它們為北廠所製造生產，定員36人，桌椅為斜排式。30DC22501號裝設TR-18型轉向架，30DC22502號裝設TR-16型轉向架。1958年其中1輛被改造為80人坐的三等客車30TP22505號，只剩1輛繼續存在。

1951年，台鐵35TP32106號及35TP32115號鋼體

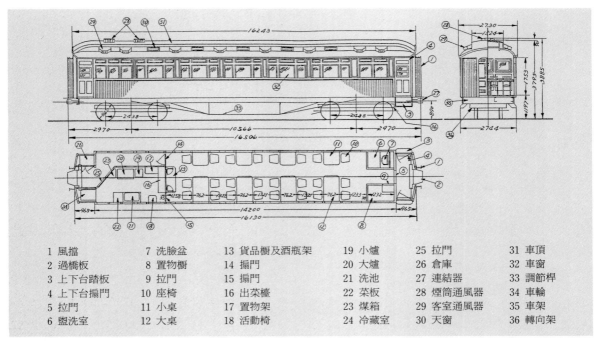

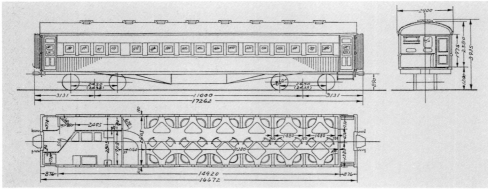

1 風擋	7 洗臉盆	13 貨品櫥及酒瓶架	19 小爐	25 拉門	31 車頂
2 過橋板	8 置物櫥	14 搌門	20 大爐	26 倉庫	32 車窗
3 上下台踏板	9 拉門	15 搌門	21 洗池	27 連結器	33 調節桿
4 上下台搌門	10 座椅	16 出菜檯	22 菜板	28 煙筒通風器	34 車輪
5 拉門	11 小桌	17 置物架	23 煤箱	29 客室通風器	35 車架
6 盥洗室	12 大桌	18 活動椅	24 冷藏室	30 天窗	36 轉向架

25DC2000型形
式圖。(台鐵／
提供)

30DC22500型形
式圖。(台鐵／
提供)

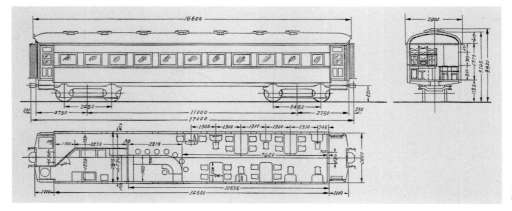

35DC32100型形
式圖。(台鐵／
提供)

25DC2000型內部。（台鐵／提供）

30DC22500型內部。

35DC32100型內部。（台鐵／提供）

客車，被改造為35DC32101及32102號餐車，為台鐵初代的鋼體化餐車。它的定員，根據當時的規章規定，應為39人（形式圖上所畫出的定員為31人），餐桌以4人1桌者為主，販賣西式餐點。

◈觀光號莒光號餐車

1960年，台鐵向日本車輛購入了3輛35DC32750型觀光號用餐車，編號為35DC32751～32753號。它的定員為40人，共有10張4人座的餐桌，每張桌子對正一個一米寬的大窗，兩張桌子間則再夾一個70cm寬的小窗。內部設計，有一個近乎正圓形的拱門是其特色，乃當時台鐵相當喜歡的內裝形態。觀光號停駛前的1977年，它們被改為莒光號餐車繼續使用，1984年

35DC32752及32753號車廂改造為自助餐式，一側仍維持餐桌形態，另一側則改為吧台的長條桌形式。1985年底35DC32751號也改裝出廠，外觀還改漆類似復興號的塗裝，但加漆一條莒光號橘色線。這3輛觀光號時代就開始啟用的優等客車餐車，就這樣一直使用到民國78年11月30日餐車結束營業，最後一班加掛餐車的7次莒光號，亦以35DC32751號這輛初代觀光號餐車劃下完美句點。

這3輛車後來還加掛於部分列車當中零星運用，但不營業，只讓無座者有個歇腳處而已。1990年12月14日，它們被大改造為少見的六窗莒光號35SP32773～32775號，屬於35SP32750型的末尾3輛。

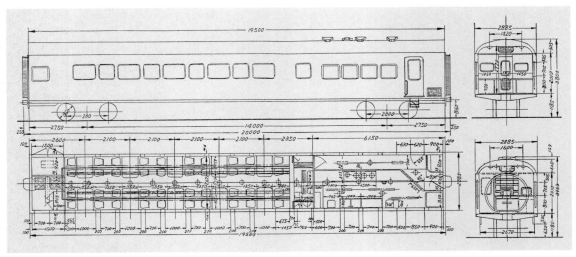

35DC32750型形式圖。（台鐵／提供）

35DC32750型觀光號時代內部。

　　基本上，這3輛車的改造共有二次大改變，一次是1977年觀光號餐車改莒光號餐車，一次是1990年餐車改造為一般莒光號。它們的改造，原先是毫無疑問的，但近年來卻被證實了新豐唐榮廠內有1輛拿來當作試作車的車殼，竟是35DC32750型其中的某1輛。它的車側雖被類似客廳車般地剝皮改造，不過台鐵車輛史專家童振疆比對其內裝與車下結構，證實為35DC32750型無誤。因此現存的3輛餐車改造車，至少有1輛早被偷天換日換了一個車殼，搞不好兩次大改造中的某一次（以1977年的可能性最高），3輛都被唐榮給「換皮」了呢！

　　台鐵除了觀光號餐車外，1969年購入首批莒光號

35DC32750型改為自助餐式時的內裝。古仁榮／攝

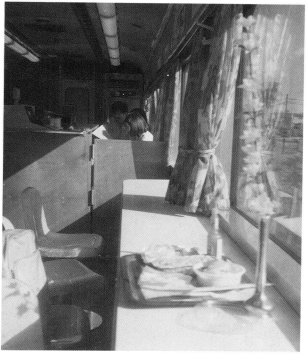

唐榮廠內的35DC32750型廢車體，其外部已經改造。

前身為35DC32752號的35SP32774號。洪致文／攝

1969年購入的35DC32850型莒光號餐車。
石川一造／攝

前身為35DC32851號的35FP1016號。洪致文／攝

時，亦曾順帶買進4輛日本車輛製造的莒光號餐車35DC32850型，編號35DC32851～32854號。它們引進時便是寬廣的大型窗，1986年為了車輛高速化需求，35DC32851號與35DC32852號改換空氣彈簧的TR-52型轉向架，車內的格局，也類似先前35DC32750型的改法，變更為自助餐式。後來，它們塗裝亦以類似復興號色加一條橘線形態呈現。當35DC32750型3輛與35DC32850型2輛全改裝為自助餐室營業後，未改的35DC32853號與32854號，便報廢停用。

◇餐車輓歌

1988年初，很奇怪的，台鐵將換過轉向架的35DC32851與32852號停用，而繼續使用觀光號改來的35DC32750型3輛直到餐車結束營業。先前停用的莒光號餐車35DC32851與32852號，則和觀光號餐車一樣，於1990年12月14日改造出廠為35FP1000型莒光號的35FP1016號及35FP1017號。

至此，台灣僅存的餐車(不算唐榮那輛「怪車」)，就只剩下早先被停用、報廢，一直沒有改造的35DC32853號與35DC32854號了。這2輛車，最後於1995年3月與有90年歷史的瞭望車，一同於台北機廠被就地解體而屍骨不存。台鐵的餐車，從1912年開始加掛食堂附一等車至此，終於步下舞台。未來，如果我們希望還能再見餐車的模樣，恐怕就要拜託唐榮修好那輛只存車殼的35DC32750型觀光號餐車。這輛車若再遭毀棄，台鐵的餐車，就將真的永不復見了。

台灣的郵政火車

　　台灣鐵路與郵政的淵源極深，清代台灣最早的火車票，即是以郵票代替的呢！

　　台灣鐵道上唯一以火車頭來載郵件的鐵路，最出名的就是阿里山林鐵這條了。阿里山的28噸級直立汽缸蒸汽火車，是本線上行駛的主力機車，在早年交通不方便的時代背景下，當然就只有靠它來載送郵件。所以其車頭前裝有一個鐵箱子，浮刻著郵局的「郵」字，不少信件便是放在這裏面上山下山的。

　　而長度曾超過台鐵的糖業鐵道，亦有郵便車存在的紀錄；不過，以與行李車或三等車合造者居多。

　　昭和5年（1930年）的統計中指出：台灣製糖九曲堂、竹頭角間使用的「手荷物郵便車」共有4輛；鹽水港製糖布袋線上「手小荷物郵便物車」有6輛、田林線上「郵便物合造緩急車」有3輛。

　　隔年（1931年）的統計中則指出：布袋線「手小荷物郵便車」有6輛；九曲堂、竹頭角間「手荷物郵便車」有1輛；明治製糖嘉義至港墘及南靖間可坐19人的「手小荷物郵便三等合造車」有2輛。

　　從這2年的統計可明顯發現，糖鐵當真是不脫其「輕便鐵道」的輕便本色，載運郵件的各式郵便車，

並無太專業的設備存在，因此要改造亦很容易，所以每年的統計上往往數量差距頗大。

　　台鐵的窄軌台東線，目前查得出的郵政車只有LMBV1500及1550型。LMBV1500型是日據時代的150型「郵便荷物車」，為昭和15年（1940年）改造而得。原始種車153及155號是大正2年（1913年）5月汽車會社所製造，156號則是大正11年8月出廠（製造廠不詳）。光復後或許是因為有部分的同型車毀於戰火，因此改編為LMBV1500型時，就只有此3輛分別被稱為LMBV1501至LMBV1503號。

　　民國50年6月，台鐵拿1輛鐵道部高雄工場大正6年3月製造的三等客車LTP1328號，改造為郵政車，編號居然用LMBV1502號，與上述的郵便荷物車重號！可見台鐵的車籍是一筆爛帳，實在是名不虛傳。

　　民國52年4月，台鐵又拿了1輛民國39年12月製造（恐為戰災復舊車）的三等LTP1330號改為LMBV1504號郵政行李車。這次好險，沒有用到別輛車的號碼而形成重複。

　　除了此型外，窄軌台東線還有LMBV1550型郵政車1輛，稱做1551號，應是日據時代的200型郵便荷物

早年以輕便台車來運送郵件的情形。洪致文／攝

窄軌台東線的LMBV1500型1501號。
1981.2.石川一造／攝

窄軌台東線的LMBVI550
型I55I號。
1981.2.石川一造／攝

45MBK80013號。
洪致文／攝

車（至少有2輛）。它的長度比150型要長，是花蓮港鐵
道出張所修理場（花蓮機廠前身）所製造。201號在昭
和11年（1936年）12月出廠，202號為昭和16年11月出
廠。

　　它們的塗裝在光復後，有別於上白下黃的「黃皮
仔客車」外觀，而是整輛塗墨綠色，與羅東林鐵的客
車類似。如今這批車，已全數報廢解體而1輛不存。

　　西線的部分，屬小型木造客車的，則有
25TMK2000與2010型有郵便室。前者為1920至1921
年，後者為1914至1916年台北機廠所生產，是種一半
為三等客室、一半為郵便室的客車。

　　中型木造客車則與小型木造車不同，並無合造的
郵政車，卻有整輛完整的郵政行李車存在。它們是1922
至1923年出廠，由日本車輛或汽車會社製造的
30MBK12000型；以及製造廠、年代不明的
30MBK12050型。

　　此外，台鐵在民國38年7月與10月亦各生產了1輛
30MBK12500型的現代化中型木造郵車，為台灣最後
增備的木造郵政行李車（大型木造車一直都未有郵政
車車種存在之記錄）。

　　鋼體客車方面，35MBK32000型為民國46年6月
由32000之同系列車改造而來。木造車鋼體化而出現的

45MBK80000型內外特寫。洪致文／攝

32300系列，則有35MBK32300型、35SMK32300型及35TMK32300型有郵政行李室。MBK為純郵政行李車，共有20輛，於民國48年至54年間出廠。SMK為二等客室與郵政室合造的車廂，一共有3輛，民國53年出廠。TMK則是三等客室與郵政室合造的客車，一共有6輛，於民國50年出廠。

這批郵政車的下落，據台鐵很亂的車籍紀錄，MBK多改造為40FPK1100型的更新莒光號，SMK及TMK則先改造為行李車35BK32360型，而今已全數報廢。

目前台鐵路線上跑的火車，看得見郵局「郵」字

的，就只剩下45MBK80000型郵政行李車了。

這批一共15輛的車廂，前2輛於民國70年出廠，其餘的在71年出廠，裝用TR41型轉向架，由唐榮所製造，內部還有分信的郵政設備。

以目前台鐵的營運態度來看，它連行包都不太想辦了，郵政業務更是不用說。因此，45MBK80000型郵政行李車，有可能會是台灣最後的一種郵政火車。想想人家法國TGV，還有一款塗裝為黃色，專門用來載運快捷郵件的高速鐵路火車呢！台鐵的觀念，是否老是慢半拍，就像自強號一般，愈走愈慢呢？

最後的火車郵局

台灣鐵路與郵政的淵源極深，清代台灣最早的火車票，即是以郵票來代替的。在日據時代，糖鐵、林鐵及台鐵，火車上也都有郵政專用的設備來運送郵件。從早期以手推台車來載送，到後來郵政車還附設有火車郵局，在在都是火車與郵政密切關係的明證。

現保存於郵政博物館內的手推郵政輕便台車，正訴說了早年交通不發達，輕便鐵道仍是主要鄉村、山區交通工具的那個時代，運送郵件的刻苦情形。而時至今日，隨著公路的愈趨發達，台鐵的郵政行李車已報廢到只剩一種形式，更不用提那岌岌可危快要壽終

正寢的「火車郵局」。

在高速公路還沒有全線通車前的台鐵，全線共有28個火車郵局，分別編為第1火車郵局到第28火車郵局。不過，在郵戳上它的簡稱相當有趣，分別寫著「1火」到「28火」，「火」字就完整地代表了火車郵局的全名。

民國78年3月起，西部幹線的火車郵局全部撤銷，這是火車郵局這麼多年來最大的一次變革。剩下的火車郵局，只有跑台北、蘇澳間與台北、台東間的10個班次。

民國79年12月，郵局接著停掉了2個火車郵局；民國81年4月下旬又一口氣關了4個，殘存的火車郵局，就只有台北、蘇澳間的23火及24火，與台北、台東間的11火及18火。

如今台鐵線上還在跑的郵政行李車，只剩下民國70、71年間唐榮所造的MBK80000型車15輛。它的車內設有郵局的分信木架，外觀上也還漆有郵局的「郵」字，大概是台灣最後的一種郵政火車。

由於台灣的公路運輸相當發達，需要多次轉運的火車郵局便顯得較沒有效率，東線因為交通仍不方便，所以還有生存的一點點空間。不過就效率的眼光來看，這4個火車郵局恐怕也即將走入歷史，而成為火車郵迷結合火車與集郵這二項嗜好時的最大遺憾；至於那個只刻個「火」字的火車郵局郵戳，也將為它的輝煌過往，提供最佳歷史見證。

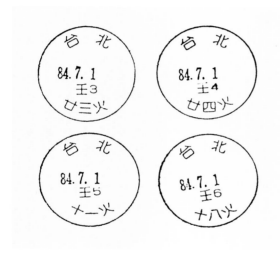

台鐵的黎明期鋼體客車

◈32000系列的登場

　　台灣在日據中後期，經濟力已經超越日本國內，社會的狀況，亦走在時代的尖端。1935年之後，台鐵使用的火車，也與日本國內不再有「時差」。昭和10年（1935年）是日本領台40週年的時刻，台灣總督府為了彰顯政績，特別擴大舉辦了一場盛大的「台灣博覽會」。這一年，最新銳的C55型蒸汽機車被引進台灣，鋼體客車亦首度登場，改寫了台鐵從來都是木造客車的歷史。

　　這在1935年被引進的鋼體客車，即是32000系列的各等級車廂。它的形式編號，千為數「2」代表二軸轉向架，萬位數「3」則代表鋼體客車，全部都是日本所製造。

　　此系列最早於1935年購入的有4輛二等車，14輛三等車，4輛三等緩急車(附車長室、手軔機)及4輛行李車。

　　二等車形式編號為35SP32000型，35SP32001～32003號可確定為日本車輛所製造，35SP32004號因為終戰前便已廢車而無此號，不過可知オロ32004號與前3輛為同一批所引進。它的外觀，沿續部份木造車傳統，二等車以二個一組的車窗來配置。因此它的室內裝的均為固定式座椅，但都有對到窗，裝設TR-19型轉向架。1940年8月，又有同型車增備進口，車號為35SP32005～32007號，同為日本車輛所製造。

　　三等車形式編號為35TP32000型，1935年購入的車輛中，35TP32001～32007號為汽車會社所製造，35TP32008～32014號則為川崎所生產。這款車的窗戶配置，同樣沿續部分木造車作法，以三個一組的窗來代表「三等」，全車共有五組這樣的車窗，故定員為80人。1940年11月出廠的後續增備車，則為汽車會社製造，編號35TP32015～32017號。

32000系列二等車日據時代的內裝。

32000系列三等車光復後外觀。

32000系列三等車光復後重修完成的內景。

木造客車與黎明期鋼體客車都曾使用的兩種車門。
洪致文／攝

三等車可以說是32000系列的主力車種,但它除了35TP32000型之外,還有附車長室,並有手軔機的35TPK32000型存在。此型車亦是1935年增備的初代鋼體客車之一,它的編號為35TPK32001～32004號,全為日本車輛所製造。光復後它們亦曾於1951年加設販賣部營業,多掛在列車的兩端。

32000系列除了上述的客車外,1935年時亦購入了日本車輛製的行李車4輛。光復後的接收統計,35BK32000型一共有3輛存在,不過後來使用中的應只有2輛。1951年時,為了35TP32200型美援客車的運用,台鐵拿了2輛35TPK32000型改造為35BK32000型,使得32000系列的行李車又恢復到戰前的總數4輛。

柴電機車之後的第一節車廂,即是35BK32000型。
洪祖仁／攝

載客運行中的32000系列客車。洪祖仁／攝

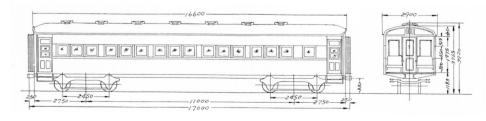

35TP32000型
形式圖。

1957年6月，其中的3輛被改為35MBK32000型35MBK32001～35MBK32003號的郵政行李車，僅存35BK32002號繼續維持著35BK32000型的形式稱呼，直到更新改造為30SPK32110號。

❖高貴的頭二等車35FSP32000型

1937年12月，台鐵光復前最高級的鋼體客車オイロ32000型製造出廠。它光復後的形式編號為35FSP32000型，一共有3輛，分別是35FSP32001～32003號。

它們是日本的汽車會社東京支店所製造，裝用TR-19型轉向架，二等客室與頭等客室以廁所及洗手間分隔開，一等客室內有旋轉軟墊座椅7張，繞過屏風後，有間特別室，類似前述的座椅2張，另有一長形沙發，故特別室定員為4人。二等客室則與一般二等車相同，有二個一組的窗三組，定員24人。

這3輛車在光復後的1954年3月～4月間，一等客室端的車門被改造為瞭望台，但仍維持頭二等車的稱呼，不改為瞭望車。1958年7月，這3輛車的一等客室被取消，全改為二等座席的固定式座椅，車號亦改稱為35SPK32000型的35SPK32001～32003號。1966年前後，黎明期鋼體客車大量改裝翻背椅，它們也跟著被改。1974年台鐵黎明期鋼體客車全被送廠大更新之際，這三輛車變為30SPK32100型的30SPK32101～32103號重新登場，用到1990年代才陸續退出鐵道舞台。

32000系列

形　　式	車　　號	原始製造年	製造廠	
35FSP32000	32001～32003	1937	汽車	
35SPK32000	32001～32003	1937	汽車	於1958.7由35FSP32000型改來
35SP32000	32001～32004	1935.9	日車	32004大戰中廢車
	32005～32007	1940.8	日車	
35TP32000	32001～32007	1935.9	汽車	
	32008～32014	1935.9	川崎	
	32015～32017	1940.11	汽車	
35TPK32000	32001～32004	1935.9	日車	
35BK32000	32001～32004	1935.10	日車	光復後新增的2輛車號不明
35MBK32000	32001～32003	1935	日車	1957.6改造而來

日本時代オイロ32000型形式圖。（台鐵／提供）

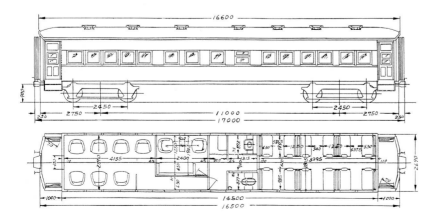
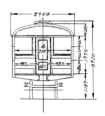

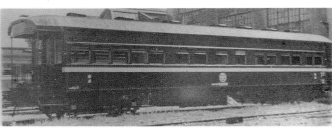

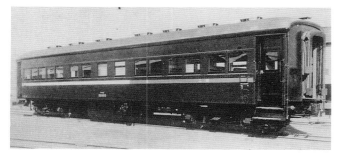

光復後增設瞭望台之後的32000系列頭二等車。

日據時代的オイロ32003號。

32000系列頭二等車的一等室。

日本時代的オイロ32003號，到報廢時已變成這輛30SPK32103號。
洪致文／攝

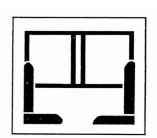

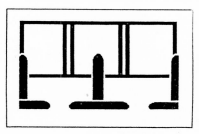

32000系列二等客室車窗與座椅之配置。洪致文／繪

32000系列三等客室車窗與座椅之配置。洪致文／繪

❖32100系列的登場

日本1939年～1950年間超過1000輛製造的オハ35系鋼體客車,可說是台灣32100系列客車的原始版本。

日本的オハ35系是20公尺鋼體客車,使用一米寬車窗,對坐的固定式座椅。除了三等客車オハ35型外,尚有附車長室的オハフ33型。

台灣的32100系列鋼體客車,可說是日本オハ35系縮短為17公尺的「縮小版」,1941年首度購入的為35TPK32100型三等緩急車(守車)3輛,編號35TPK32101～32103號,日本車輛製造。1942年起又有三等客車35TP32100型登場。1942年11月出廠的為汽車會社製造32TP32101～32108號,1942年7月～9月出廠的為川崎製造的35TP32109～32114號,終戰前最後買入的,則是1944年1月出廠,汽車會社製造的35TP32115～32116號。這批三等客車,與日本オハ35型一樣,裝設1米寬的窗,但受限於路線標準,縮小至17公尺車長之後,僅能容下10組1米窗,故其定員為80人,窗戶配置終於擺脫木造客車的常用形態。

1943年9月,台鐵32100系列的二等客車35SP32100型(推測可能僅2輛)由日本車輛製造出廠。它雖為固定座椅的對坐形態,不過車窗寬度增為1.2公尺,座椅間距加大,全車共有這樣的窗戶7個,定員56人。

光復後的1951年4月,35TP32106號及35TP32115號被改造為鋼體餐車35DC32100型的35DC32101及32102號。1966年35DC32102號先被改回三等客車加裝翻背椅,僅留35DC32101號繼續保有35DC32100型的形式稱呼,直到1974年更新為30SP32129號(35TP32115號並未更新)。

緊接於柴電機車後的車廂,即是只有2輛的35SP32100型。

前身為1941年出廠35TPK32101號的30SPK32106號。洪致文／攝

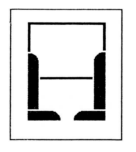 

32100系列三等客室車窗(圖左、1米寬)與二等客室車窗(圖右、1.2米寬)與座椅之配置。洪致文／繪

32100系列

35SP32100	32101～32102	1943.9	日車	
35TP32100	32101～32108	1942.11	汽車	
	32109～32114	1943.7～9	川崎	
	32115～32116	1944.1	汽車	
35TPK32100	32101～32103	1941	日車	
35DC32100	32101	1942	汽車	1951.4由35TP32106改造而來
	32102	1944	汽車	1951.4由35TP32115改造而來

◈35TP32200型美援17公尺客車登場

1951年3月，台鐵戰後首度新購，以美援資金添置的鋼體客車35TP32200型10輛出廠。它們的外觀與35TP32100型類似，共有10個1米窗，定員80人，裝用TR-20型轉向架。這批車購入時是以三等車的規格來購買，所以車號亦編成35TP32201～32210號。1954年2月，這型車的座椅間距被拉大，改成與35SP32500型1953年登場時一樣的寬度，使得座椅與窗戶不相配，定員變成64人，形式亦改為35SP32200型，車號為35SP32201～32210號。1966年這批車座椅又改為翻背椅時，35SP32204及32205號卻改為坐臥兩用椅，算是相當特殊少見的例子。

這批車因係以美援名義進口，所以車身中間會畫（或貼）上中美合作的標誌。它們一直沒有被台鐵抓去更新，默默地視車況一輛輛減少。可以確定的是：1980年代初期，此型車還有5輛健在，分別是

35SP32201、32204、32207、32209與32210號。

在台鐵很有趣的車籍記錄中，它們全在1985年1月及2月間報廢，並被唐榮更新改造為35SPK2200型復興號的35SPK2254、2255、2216、2217、2218號。如果您想遙想它們當年的風采，當坐到上述的復興號車時，不妨仔細去感受一番。但筆者卻認為，台鐵給唐榮「更新」，實際乃新造，17m車改為20m車，恐怕沒那麼簡單吧？

◈32500系列的意外登場

台鐵在光復之後，除了外購35TP32200型外，1953年起亦開始製造鋼體客車。該年北廠製造了6輛的鋼體車，是35SP32500型的35SP32501～32506號。它們的製作規格，大致上沿續32100系列以來的傳統，不過為因應1953年12月起實施的「平等號」（列車不分頭、二、三等）制度，長途以原二等車（SP）來編成，遂出現了座位寬度介於日據時代二等車與三等車間的新產物

32200系列

35TP32200	32201～32210	1951.3	日車	
35SP32200	32201～32210	1951.3	日車	1954.2由35TP32200改造而來

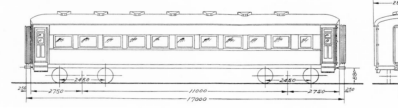

35SP32200型
形式圖。
（台鐵／提供）

1976年5月時仍健在的35SP32202號。石川一造／攝

車體已更新為30SP32142號的35TP32502號。

一平等號座席。它的窗戶間距雖維持一米寬(與32100系列三等車同),座椅配置也是固定對坐式座椅,但一側只有8個如此的車窗,定員64人。前述的35TP32200型會於1954年改車輛等級與座椅配置,與這批車及平等號制度亦有關連。

這批車的意外登場,可能與台鐵北廠用戰災所剩的料件、部品重組這些鋼體客車有關。它們除了前2輛35SP32501～32502號裝用鋼體客車才用的TR-19型轉向架外,其餘有的還裝木造客車使用的TR-16型轉向架呢!(日據時代,32000及32100系列出廠時,裝用的均為TR-19型轉向架。)

32500系列鋼體客車的第二度登場,則是在台鐵大量將木造車鋼體化(1958年)之前的1956年及1957年,因此說它們為第一批木造車鋼體化車輛並不為過。1956年,台鐵北廠更新出廠了35SP32507～32510號,其中的35SP32510號,係當年5月24日開工,11月30日

完成,原始種車為成功號、銘傳號二等車的30SP22501號。這輛1950年才出廠的成功號、銘傳號客車,竟活不到10年便被台鐵徹底更新而消失,實在有夠「歹命」,不過這也間接說明了為什麼成功號、銘傳號客車資料如此地少了。

1956年12月31日,原始種車為25TP2025號的小型木造客車,被北廠更新為80人坐的35TP32550型35TP32552號登場。因它係1956年最後一天出廠,所以很幸運車籍上的記錄便為1956年。其他的「兄弟車」因為1957年才出廠,所以製造年皆為1957年。

台鐵北廠於1957年「生」(很難肯定實質上是新造或更新)出了35TP32500型2輛,35TP32501～32502號,以及35TP32550型的35TP32551號及35TP32553～32556號。這批車的外觀經過這幾年的研究,尚未能完全確定,可算是台鐵鋼體車的一個謎。

32500系列

35SP32500	32501～32506	1953	北廠
	32507～32510	1956	北廠
35TP32500	32501～32502	1957	北廠
35TP32550	32551～32556	1956～1957	北廠

原始車號為35SP32507號的30SP32137號。洪致文／攝

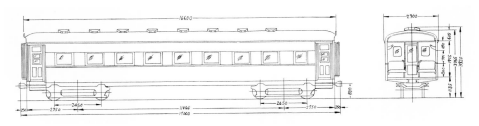

35SP32500型
形式圖。
(台鐵／提供)

蒸汽車後的第一節客車，即是更新後的黎明期鋼體客車。古仁榮／攝

※黎明期鋼體客車的更新統一與形式消滅

　　對於研究台鐵鋼體客車的人來說，一定會覺得17公尺的30SP32100型車來歷「相當可疑」。因為它們不像32300系列木造更新車時代的產品，但種車製造年卻又橫跨戰前的1935年至戰後的1957年。其原因經過這幾年來的調查，終於確認了台鐵在1973～1974年間，將整批一共56輛的黎明期鋼體客車分送唐榮與北廠更新，並於出廠時統一給與30SP32100型或30SPK32100型的形式稱號，未被送廠更新者則陸續報廢而不存(除了35SP32200型之外)。

　　這批黎明期鋼體客車除了車窗上下各有一條強化的窗帶外，最大的特色即是所謂的「折妻丸屋根」。這是個日語的鐵道專有名詞，專指以オハ35系為代表，車端是圓弧狀的車頂設計。由於台鐵沒有很好且經公認的名詞來代替，所以在此仍以日本的稱呼來說明。

　　台鐵的此種鋼體客車，始於32000系列，戰前還後續購入了32100系列。終戰時接收的記錄：行李車有3輛、二等客車8輛、三等客車36輛(含三等守車)、頭二等合造客車3輛健在。輛數上，已減少了一些。1950年代台鐵又製造或更新了32500系列的類似鋼體客車。上述的這些客車，即是台鐵後來的30SP32100型之原始種車。(注意終戰前的35SP32100型與1973年出現的30SP32100型是不同的樣子。)

　　以更新後的車號來看，10輛的30SPK32100型全為1974年唐榮所更新。30SP32100型的30SP32101～32129號，是1973年3月31日至1974年6月13日間唐榮更新；30SP32131～32147號是1973年11月至1974年1月間北廠所自行更新。值得注意的是：沒有30SP32130號這輛車。當初的編號者，大概便有初步構想，要把北廠與唐榮更新者分開，以"32130"的子型來區分。

　　若我們以原始種車的製造年來分析，則又可發現：除了交給北廠更新的30SP32131～32147號是光復後才出現的32500系列外，其餘全是終戰前即購入的32000及32100系列鋼體客車。

　　這批30SP32100及30SPK32100型客車，一直使用到1990年代中期才開始大量廢車，尤其是1995年快速消失，所剩輛數已降至個位數。它們在台灣鐵路上奔馳的時間，大多超過半世紀，可說居功厥偉，台鐵不好好擇優保存，就讓這些黎明期鋼體客車悄悄消失，實在可惜！

• 30SP32100型更新記錄 •

更新後車號	更新前形式	種車製造年
30101～32102	35SP32000	1935
32103	35SP32000	1940
32104	35SP32100	1943
32105～32111	35TP32000	1935
32112～32113	35TP32000	1940
32114～32115	35TP32100	1942
32116	35TP32100	1943
32117	35SP32000	1935
32118	35SP32000	1940
32119～32122	35TP32000	1935
32123	35TP32000	1940
32124～32125	35TP32100	1942
32126～32128	35TP32100	1943
32129	35DC32100	1942
32131～32136	35SP32500	1953
32137～32140	35SP32500	1956
32141～32142	35TP32500	1957
32143	35TP32550	1957
32144	35TP32550	1956
32145～32147	35TP32550	1957

• 30SPK32100型更新記錄 •

32101～32103	35SPK32000	1937
32104～32105	35TPK32000	1935
32106～32107	35TPK32100	1941
32108～32109	35MBK32000	1935
32110	35BK32000	1935

在北迴線上快走的30SP32131號。洪致文／攝

在屏東線上當軍運混合列車客車使用的
30SP32100型。1990.7.洪致文／攝

戰前黎明期鋼體客車使用的TR-19型轉向架。
洪致文／攝

右邊的客車雖是木造的，不過其車頂的作法，就是所
謂的「折妻丸屋根」。洪致文／攝

30SP32131號內裝。洪致文／攝
30SP32100型的盥洗室。洪致文／攝

黎明期鋼體客車的前世今生   洪致文／攝

前身為1942年造35TP
32108號的30SP32115
號。

前身為1940年造35SP
32007號的30SP32118
號。

前身為1956年造35SP
32509號的30SP32139
號。

前身為1956年造35SP
32510號的30SP32140
號。

前身為1956年造35TP
32552號的30SP32144
號。

前身為35MBK32001號
的30SPK32108號。

台鐵的雜牌軍客車
32300系列

快走! 35BK32353號。洪致文／攝

※32300系列鋼體化更新車登場始末

在台鐵車輛的歷史上，至目前為止共有三次大規模的「屠殺」。第一次是民國40、50年代的木造客車鋼體化，這使得台鐵的中、大型木造客車全滅！第二次是電氣化之後，台鐵報廢了許多戰前的貨車，以及它不太喜歡用的鋼體車，並用更新的名義，由唐榮造出了一些莒光號及復興號。第三次則是民國80年代中期開始的二軸貨車，非空調車報廢行動。這幾次的轉變，都曾使台灣鐵路的面貌為之改觀，尤其是在缺乏鐵道文化觀念的大屠殺過後，真的會變成一無所有。

台灣光復之後，雖有32000及32100系列的鋼體客車存在，不過相對於大量的木造客車，它們仍算少數民族。民國40年代，台鐵又開始購入鋼體客車，原有的木造車便到了要改頭換面鋼體化更新的時候。於是在民國47年時,台鐵擬定了木造車鋼體化更新的計劃，原則上是轉向架留用，而車體重造。總計共有251輛，初期計劃以每年25輛的速度，分10年的時間完成。

民國48年1月，首批5輛的二等客車完工亮相，與大眾首度見面的地點，即是東勢線的通車典禮。(這5輛車應完成於民國47年, 其車籍資料製造年為1958年)

這項木造車鋼體化的工程，後來不斷地進度超前。民國54年最後的52輛完工後，全部的251輛全數完成，較計劃提前了3年。

基本上,說32300系列車輛是木造車的投胎轉世一點也不為過, 不過也並非是所有木造車鋼體化都會變成32300型。民國45年台鐵就曾試著更新的車長17m圓頂35SP32500型鋼體客車, 便有中、大型木造車改造來的記錄。像30SP22024號大型木造客車更新為35SP32507號, 30SP12019號中型木造客車更新為35SP32508號, 我們只能說, 32300系列的產生, 是民國47年開始的鋼體化計劃產物, 在這之前, 32300型尚未誕生。

由於台鐵木造車的形態、用途十分複雜，因此更新後的鋼體車不免也會出現「雜牌軍」的現象。從二等客車、臥車、行李車、半行李車到電源車、公務車、郵政車……, 可說是量多且雜的一群怪胎。然而它們過了民國80年後, 陸續都滿30歲, 成了台鐵強迫報廢的對象, 並逐漸淡出鐵道舞台。

宜蘭線上疾走的32300系列車。洪致文／攝

30SP32302號。森崇／攝

32300系列車的列車終點指示牌，是掛在白線的上面。洪致文／攝

30SP32332號。森崇／攝

30SP32300型內裝。洪致文／攝

30SPK32331號。森崇／攝

30SPK32322號。洪致文／攝

30SPK32339號。
洪致文／攝

30SPK32329號。森崇／攝

30FS32302號。洪致文／攝

❖32300系列臥車

在台鐵的車輛史中，鋼體車身的臥車，就一直只有17m級，屬32300系列的單層、雙層及三層臥車了。

單層臥車的形式編號上，使用的是頭等臥車的30FS32300型。1962年9月21日，有3輛由北廠更新出廠，編號為30FS32301～30FS32303號。它的車長雖為17m級，不過窗上並無窗帶的強化結構，最初裝設TR-16轉向架，定員12人。

由車廂外觀來看，它每一側各有6扇1.2m寬的大車窗，分別對準每一間單人臥室。它的走道在車廂中間，而且相當窄。床位白天是整個翻到牆上，晚上才放下當臥舖。由於它並無空調，因此每間臥室都裝有一台16吋的電扇。1995年3月最後被台鐵解體掉的，是編號30FS32302號這一輛。

台鐵除了這三輛單層臥車之外，於1965年還續造了一輛編號30FS32351號的單層臥車。它的外觀，與一般的30SP32300型幾乎一樣，只是內部改為舖位而有所差異。

它的走道並非在中央，而是偏於一側，類似包廂的設計。1978年5月，這輛車被改造為30SP32391號，繼續載客使用。

台鐵的雙層臥車形式為30SS32300型，於1963年3月共造了6輛，分別是30SS32301～30SS32306號。它的臥舖一共有上層10個下層10個，走道在中央，白天可以將上層舖位收起，下層則變為座椅。出廠時與單層臥車一樣裝設TR-16型轉向架，每一間寢室搭配二個車窗，因此由外觀察，可見一側有五個二窗為一組的車窗。它內部的隱密性較差，車廂內共有二套廁所及洗面台設備，並有放臥具的空間。最後被台鐵解體的為30SS32305號。

三層臥車的形式編為30TS32300型，於1962年12月共造了5輛，分別是30TS32301～30TS32305號。它的走道偏於車廂的一側，由走道可以進入分成六間的包廂。每個包廂又分別有三層臥舖靠兩邊擺設，因此每輛的臥舖定員共有36人。它出廠時裝設TR-16型轉向架，雖只有一間廁所，但有二個洗面台及電扇六具。保存車輛30TS32305號於1995年3月被台鐵拆毀而消失。

台鐵的臥車運用，其實並不像後來那樣死板，只掛夜對快車而已。民國60年代前後，便有夜間觀光號加掛單層、雙層臥車行駛。其車內雖無空調，不過據說仍很搶手。1982年8月10日台鐵臥車結束營業，部分

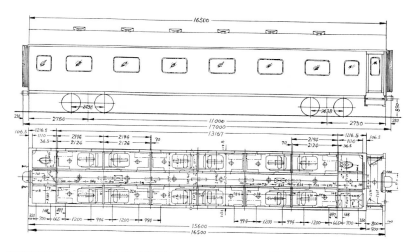

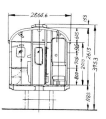

30FS32300型形式圖。（台鐵／提供）

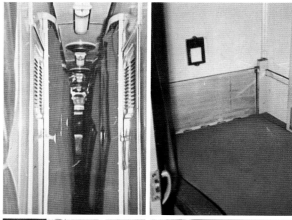

30FS32351號外觀。石川一造／攝

30SS32305號。洪致文／攝

30FS32300型內裝。

30SS32300型內裝。

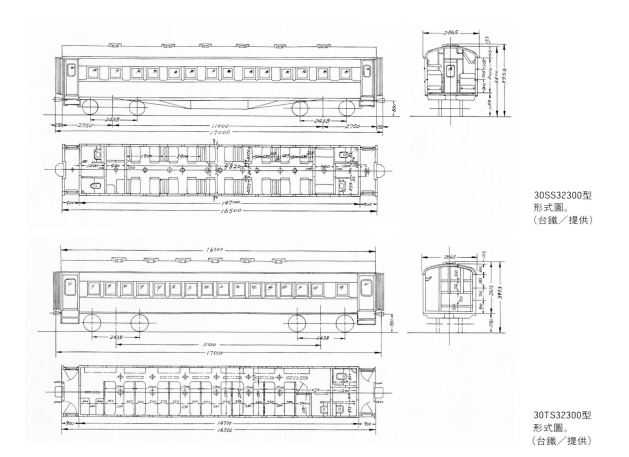

30SS32300型
形式圖。
（台鐵／提供）

30TS32300型
形式圖。
（台鐵／提供）

車廂曾轉送至淡水線當普通車行駛，直到民國76年停
用，並分別保存了三輛於北廠戶外，預計做為鐵道博
物館的展示車。無奈此案無法執行，台鐵又不重視文
化財，1995年3月便把它們全拆了，造成無法彌補的遺
憾。

❀最後的原EGK電源車35BK32353

　　民國52年7月起,台鐵的觀光號列車開始加裝冷氣
空調行駛。這項改變，使得台鐵必需要有可供應電力
的電源車才行，因此台鐵在這一年，便一口氣生產了
35EGK32300型電源車5輛，編號為35EGK32301
～35EGK32305號。

　　這型台灣最小的電源車，外觀製作上與
35BK32300型類似，最大的差異是車頂的散熱裝置。
這五輛車中的32302，32304及32305號最早改為

35BK32350型的32352、32354及32355號。其中的
35BK32355號，更在車籍上於1985年2月被更新改造
成復興號35SPK2256號呢！

　　1976年5月時，可以確定此型車停於台北機務段
內，塗裝為白底淺藍圖樣的莒光號標準色。當然，這
或許與35EGK32303號於1978年被改造為35BK32353
號後，還塗成莒光號色有所關係。基本上，這輛跨越
觀光號及二種莒光號塗裝時代，而能活至1990年代中
期的木造更新車，實在也可說是台鐵喜歡亂拆車政策
下的異數。記得有一回，筆者搭乘飛機於天空中觀察
地上的火車動態，一眼便認出了這一輛車。因為那時
台灣莒光號塗色的17m長車廂，就只有它了啊！

❀行李車30BK32300型

　　如果不算由電源車改造來的35BK32353號的話，

30TS32302號。石川一造／攝

30TS32304號。石川一造／攝

35BK32353號。洪致文／攝

35BK32311號。洪致文／攝

台鐵正規的17m級鋼體行李車確實已經全滅了。

　　台鐵於1960～1964年，由北廠鋼體化更新製造了29輛的行李車30BK32300型。這29輛車中大多數裝用TR-16型轉向架，TR-17型僅2輛，TR-18型3輛。

　　與單層臥車類似的是：最後於1963年出廠的35BK32329號，車窗上下並無強化窗帶，與前期型在製作上有所不同。

　　民國82年，這些17m級行李車最終期活躍的，就只有35BK32311及35BK32329號這兩輛。它們裝設的雖都是TR-16型轉向架，不過車窗構造的部分，剛好是前述的兩種不同形式，如今已全被台鐵報廢解體光而一輛不存，實在可惜。

※半行李車的引退

　　在台鐵的車輛歷史中，鋼體車廂一半有客室，一半有行李室的混造車，就只有32300系列的半行李車。

　　台鐵的這些17m級更新鋼體車，組成的形態是二等、三等與郵政、行李車交叉混編組合而成的四種車輛。

　　台鐵在1961～1963年間，共更新製造了三等客室與郵政室合造的35TMK32300型6輛（32301～32306），以及三等客室與行李室合造的35TBK32300型13輛（32301～32313）。到了1964年，台鐵又製造出了二等客室與郵政室合造的35SMK32300型3輛（32301～32303），以及二等客室與行李室合造的35SBK32300型9輛（32301～32309）。

　　這批為數並不算少的半行李車，除了35SBK32300型繼續原樣使用外，數量本就不多的35SMK32300型，以及全部的35TMK32300型、

35BK32329號。洪致文／攝

35BK32300型內裝。洪致文／攝

35BK32371號。洪致文／攝

35SBK32309號。洪致文／攝

35BK32361號。洪致文／攝

35SBK32305號。洪致文／攝

35TBK32306號。石川一造／攝

35SBK32303號外景與內裝。洪致文／攝

35TBK32300型都在1982年被撤去內部座椅，改為35BK32360型當行李車使用。

　　這次的大改車號過程，35TBK32301～32313號完全順號改為35BK32361～32373號（其中有數輛，像32367號，似乎從未從TBK被改為BK而早早報廢）；35TMK32301～32306號，則照順序改為35BK32374～32379號；35SMK32301～32303號，則改成35BK32380～32382號。民國78年，這批車被報廢掉4分之1，民國80年9月又續拆了7輛，再加上過去零星的廢車，民國81年4月35BK32370號報廢後，就只剩下

1961年出廠，裝設TR-17型轉向架，原來為35TBK32301號的35BK32361號存世了。如果台鐵再不好好保存這輛車，那麼原來半行李車另一半為三等客室的車廂，便要因此而全滅！

　　當然，晚年一直在內灣線及花東線行駛的35SBK32300型也在1995年全數停用報廢，不過幸好經由筆者及車輛史研究家童振疆的力陳，台鐵暫時留了狀況較好者下來。不過，這種外形特殊的珍貴車廂，前途還是堪憂，也許再過不了幾年，你我都將無法看到它的英姿了。

30EOB32389號。
洪致文／攝

原是通訊車的30SPK32382號，其外皮是該系列車
後期少見的平整、光滑。洪致文／攝

❖一輛保有的32300型特殊用車

對於台鐵來說，32300系列是拿來當作為特殊用途數量最多的鋼體客車。這其中，最著名的，便是車頂增設瞭望台，用來觀察電車線狀況的30EOB32389號工程瞭望車了。

它的原始種車，為轉向架換成為TR-32型的30SP32389號。1986年，它被改造為工程瞭望車。由於功能的特殊，造於1965年的這輛車，到了1995年過30大壽時，台鐵並無報廢它的計劃，也許它就會這樣地幸運留下來。

另外，在車輛史上出現過的30SC32301號公務車，以及30SPK32382號通訊車（早年連掛在公務車或花車之旁，後已改回一般用車），亦都是一輛保有的此系列特殊用車。1995年32300系列大量廢車的時刻，台鐵又改造了一輛造於1965年，裝設TR-32轉向架的30SP32375號為鋼樑廠宿營車。依照台鐵的計劃，它是用來代替原有的木造宿營車，因此應不致於立即有「生命危險」。

❖全滅！32300系列

台鐵32300系列的報廢，其實在1980年代前期的莒光號、復興號更新車製造時期便已大量開始。因為台鐵必需報廢它們，然後再利用更新的名義，給唐榮製造「名義更新，實際全新」的車輛。因此，在台鐵的車籍資料上會出現像45PBK32860號，竟是從1963年出廠的雙層臥車30SS32303號更新而來的有趣現象，也可以找到40FPK1100型莒光號，除了其中少數幾輛外，全是如今已形式消滅的35MBK32300型更新來之「怪事」。

不過，這些改造車還可讓後人搭乘時過過乾癮，甚至遙想前二世木造車時代的過往陳跡。但1995年台鐵開始的大量廢車，竟是徹底的全部消滅。這種懷舊人士最喜歡的17m級，車窗上還有強化帶的老車，恐怕真的就此要全滅了。剩下的，就只有那些特殊用途的改造車吧？

台鐵的通勤型客車

❖台鐵通勤型客車的誕生

　　台鐵車廂內裝為長條椅的通勤型客車，出現的原因與汽動車（蒸汽動車或汽油客車）的通勤化使用有很大的關係。基本上，正常的一排排座椅配置客車，座位有多少，定員就有多少。但內裝為長條椅或非字型椅的客車，則在設計之初就考量要多「塞」一些人進去，所以定員是以座位加立位來計算，與汽動車一樣。

　　台鐵的蒸汽動車，以及後來的汽油客車，都是以兼顧通勤考量而購入的車種。當台鐵的這些客車載客量達到飽和，新增備車又還未購入的時候，改造傳統對坐型客車為「汽動車附隨車」的長條椅型，便是一個變通的方式。

　　昭和2年(1927年)，台鐵改造了二等座席有16位，三等座席有36位的二三等合造車3輛為總定員110人的「三等汽動附隨車」；同時亦改造了2輛48人坐二等車為總定員120人的三等汽動附隨車。昭和5年度（1930年），台鐵又拿了一輛定員80人的三等車去改造為定員120人的三等附隨車。至此時，台鐵一共有6輛的這種三等附隨車可供其使用。這些車都屬木造客車的改造車，車內座椅配置不是長條椅就是非字形椅，一定有一部份是屬長條椅的通勤用設計。

　　它們在戰時的運用與動向相當可疑，恐怕與軍方的運輸有關。其原因有二，一是載運全副武裝軍隊一般客車並不方便，唯有此類長條椅型客車才適合；二是這6輛車在台鐵戰後接收時的名目竟為公務車（SC），應屬特殊用途的車輛。（除了摩斯車外，台鐵的「公務車」幾乎就等同軍方的使用車。）

　　台鐵戰後記錄中的20SC2200型20SC2201～20SC2203號3輛客車，即是日據時的6輛三等附隨車

長條椅是通勤型客車主要的特徵。洪致文／攝

蒸汽車牽引通勤客車。古仁榮／攝

屏東線上行走的通勤客車。洪致文／攝

其中部分。它們原為北廠1902年所製造，後經改造而成為拉門在車身中段,內有長條椅的木造通勤型客車。民國37年（1948年）這3輛車又被改回20TP2220型的三等客車，編號20TP2221～20TP2223號，依然為木造客車中的異類。

❖十七公尺級30TP・TPK32600型長條椅通勤客車登場

1956～1957年間，台鐵首度購入了鋼體車身的長條椅通勤客車，不過它的車長僅有17公尺，較之後來的20公尺級通勤客車要短了一些，它們即是形式30TP32600型及30TPK32600型的客車。

這種堪稱台鐵通勤形鋼體客車之祖的長條椅車，30TP32600型一共有40輛，編號由30TP32601～30TP32640號；附守車的30TPK32600型則有10輛，編號為30TPK32601～30TPK32610號。它們裝設的轉向架為住友製的TR-21型，外形十分奇特，連日本也找不到完全同樣的製品。它的外觀極好辨認，因車長僅17公尺，所以兩扇自動門間只有6個車窗，較其他形式的通勤客車要少。

這批車的出現，據推測與當時台海氣氛緊張，鐵路必需配合軍隊需求有關（畢竟，長條椅客車適合搭載全副武裝軍隊）。它們在台鐵的客車歷史上，是種創新的車種，不過卻也是最早「絕種」的長條椅鋼體通勤客車，大約在1985年便全滅（最後報廢的幾輛，多被改造為復興號35SPK2150型或35SPK2200型）。

❖二十公尺級單扇門長條椅通勤客車

民國48年（1959年），台鐵首批的車長20公尺長條椅客車35TP32700型及35TPK32700型正式登場。

蒸汽機車後之第一節客車，即是早早全滅的30TPK32600型。1968年古仁榮／攝

35TP32734號。洪致文／攝

35TPK32705號。洪致文／攝

35TP32700型一共有40輛，編號35TP32701～35TP32740號，最後一批的完工日為該年的11月11日。它的定員座位有76位，立位96位，日本東急車輛製。同系列車另有一款附有守車的35TPK32700型10輛，編號35TPK32701～35TPK32710號，定員座位有71位，立位90位，製造廠相同。

該款車的自動門為單扇式，兩門間夾有8個車窗，轉向架裝設TR-23型。台鐵依此類似規格增備的通勤客車，還有1960年由近畿所製造的35TP32770型14輛（35TP32771～35TP32784號）、35TPK32770型3輛（35TPK32771～35TPK32773號）及1961年富士車輛所製造的35TP32800型37輛（35TP32801～35TP32837號）、35TPK32800型38輛（35TPK32801～35TPK32820號、35TPK32831

～35TPK32848號）。不過後來增備車的原裝轉向架，裝設的並非TR—23型，而是幾乎完全相同，僅枕簧規格不同的TR—24型。

❖二十公尺級雙扇門長條椅通勤客車

民國58年(1969年)，台鐵20公尺單扇自動門長條椅客車用了近10年之後，台鐵又增備購進了雙扇自動門的35TP32850型及35TPK32850型。這批車一共有50輛，分別由汽車會社、新潟鐵工所及川崎車輛承製。第一批25輛該年10月31日加入營運，其餘的也在11月11日卸船完畢，試車後加入運輸行列。

此系列車35TP32850型一共有30輛，編號為35TP32851～35TP32880號，附有守車設備的35TPK32850型則有20輛，編號為35TPK32851～35TPK32870號，裝設TR—31型轉向架。

35TP32773號。洪致文／攝

35TPK32773號。洪致文／攝

35TPK32801號。洪致文／攝

35TP32870號。洪致文／攝

35TPK32865號。洪致文／攝

40TP32213號。洪致文／攝

40TP32250號。洪致文／攝

40TPK32224號。洪致文／攝

轉向架換成TR29的40TP32200型。洪致文／攝

印度ICF廠銘板。洪致文／攝

❖非字形座椅的「印度仔」通勤客車

民國60年（1971年），台鐵向印度I.C.F.（Integral Coach Factory）購買的113輛通勤客車於10月底抵台，它們即是俗稱「印度仔」的內裝非字形排列座椅通勤客車。

這批車在外觀設計理念上，是延續了台鐵對20公尺通勤客車的規格要求。不過因為並非日本製造廠得標，做出來的外貌就有了不同的風味。例如：車側板底部向內斜切、車窗的構形圓弧較大……。

這批通勤客車的數量很多，40TP32200型有83輛，編號40TP32201～40TP32283號；附守車的40TPK32200型有30輛，編號40TPK32201～40TPK32230號，原裝進口時全裝設TR-40型轉向架。

❖台鐵通勤型鋼體客車的下場

台鐵通勤型鋼體客車的產生，就如前述所言，與汽動車的通勤化使用概念有關。當然，同一時代外國的鐵道舞台，這類都圈、近郊用的通勤火車，大都是以電車的形態問世，台鐵這些以火車頭來牽引的通勤客車，便格外的吸引外國人注意。不過台鐵這批為數不少的通勤客車，也有少數幾輛曾「回鍋」去暫充柴油客車的拖車。例如民國61年8月，便有35TPK32800型的最後4輛（35TPK32845～35TPK32848號）被改造、增設靱管及電氣同步線，配屬在台中機務段，做為柴油客車拖車使用的記錄。

這批台鐵通勤形客車中17公尺級的30TP32600型及30TPK32600型，就如同前述的最早全滅；另外，

35TP・TPK32700 型、35TP・TPK 32800 型及35TP32770型，也都有部分在民國71年（1982年）間被台鐵送進唐榮更新為40SPK2000型的復興號，換成另一面目重新登場。

　　1990年11月台鐵首批的EMU400型通勤電車上路後，這些前一世代的通勤客車逐漸有被取代的趨勢。到了1995年南韓製的EMU500型通勤電車陸續抵台後，台鐵已開始報廢這群曾陪著無數學子、上班族渡過晨昏的客車。也許，這批為數曾超過300輛的通勤形客車，就要像當年它走過的淡水線鐵路一般，走入歷史。

印度仔車的內裝。洪致文／攝

台鐵二十公尺級對號快車

❖台鐵對號特快車的誕生

台鐵如今已消失的「對號特快車」名稱，其源頭可以溯自光復後仍在列車分等制下的「特快對號車」。當時，台鐵的列車不只分等，連運行時間的快慢，亦有不同的票價。民國38年12月11日，台鐵在列車運行速度的價差中，於普通車、快車兩等級之上，再加一級為「特快對號車」，其加價費為普通車票價的0.7倍。民國40年開始開行的成功號、銘傳號列車，正是這一等級客車的沿伸稱呼。

特快對號車在成功號、銘傳號時代，剛好碰上了台鐵民國42年12月1日起的取消客車分等新制，因此它又改掛當時最新的平等號客車。直到民國45年2月1日改點後的時刻表，成功號、銘傳號名稱消失後，它又恢復了早年單純的「特快對號」稱呼；直到民國49年，終於出現了「對號特快」的名稱。

該年5月1日起正式出現的「對號特快」稱呼，是在台鐵簡化車種、等級的政策下，將「坐臥兩用」、「柴油特快」及「特快對號」統一名稱而成。因為對號快

車稱號的產生有此背景，所以台鐵除了以客車編成的對號特快車外，便又有一種以柴油客車來行駛，速度較快但不一定對號的「柴油對號特快車」（簡稱「柴對快」或「柴特快」）在開行。

台鐵的光華號在民國68年7月西線電氣化完工後，亦正式停駛而等級消失，改以柴對快的名義行駛北迴線及北部通勤區間。直到民國77年9月1日起實施新票價制度，取消「對號特快」等級之時，大多數的對號特快車票，都是賣給乘客搭柴快之用。車長20公尺的標準型對號特快用車，此時已被當作普通車、平快車用，早已失去「對號特快車」的光環。

❖台鐵初代20公尺級對號快車32900系列登場

在1962年台鐵北廠自製的32900系列20公尺級對號特快鋼體客車登場之前，台鐵的特快對號或對號特快車，不是木造客車，就是17公尺長黎明期鋼體客車，或木造更新車32300系列的天下。

32900系列車是台北機廠以製造32300系列木造鋼

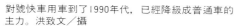

對號快車用車到了1990年代，已經降級成普通車的
主力。洪致文／攝

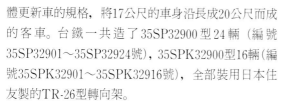

體更新車的規格，將17公尺的車身沿長成20公尺而成
的客車。台鐵一共造了35SP32900型24輛（編號
35SP32901～35SP32924號），35SPK32900型16輛（編
號35SPK32901～35SPK32916號），全部裝用日本住
友製的TR-26型轉向架。

　　這批車的製作規格，因係沿續32300型的理念，因
此車身雖增長了3公尺，車窗亦多了3個（單指一側），
裝設的翻背椅比32300系列30SP・SPK32300型客車多
了12個座位（定員為72人），但座椅間距並未改變，是
台鐵客車史上，非通勤型20公尺級鋼體客車定員數最
多的一款車廂。

高廠修理中的車廂。洪致文／攝

　　它們其中的35SP32906、32908、32921、32922號
及35SPK32908號最早於1989年11月2日奉准報廢，其
餘的接下來每年都有零星廢車，1992年更是一口氣廢
到只剩35SP32907號仍在行駛。1993年這最後的一輛
也進了台北機廠，難逃解體的命運。32900系列在活了
30年的歲月之後，台鐵並無保存計劃地將它們「解決」
掉，幸好有2輛被民間廠商購去，打算改成火車旅館而

32900系列車廂完工時的情景。

現役時的35SP32915號。1984.1.森崇／攝

最後報廢的35SP32907號。洪致文／攝

35SP32401號。洪致文／攝

35SP32400型內裝。洪致文／攝

意外獲得保存。它們的車號為35SP32920號及35SPK32909號，暫被放在水里站內，狀況並不理想。

◈20公尺級定員64人標準型對號特快用車上場

民國55年1月，台鐵以世銀第一批貸款購買的日本川崎製20公尺級對號特快用車抵台。這批車裝用的轉向架為日本浪速工機、川崎車輛製的TR—27型，抵台之後還經台北機廠的整備，及裝設國產的翻背座椅，才在該年的2月陸續試車後上路。

台鐵的這批35SP32400型客車共有30輛，編號35SP32401～35SP32430號。它們的外觀，與過去車窗上下還有橫條窗帶的舊式客車並不相同，係以較先進的電銲技術，讓車側板完全平滑，較為美觀。它們的客室部分一側共有16個車窗，定員為64人。此標準的座椅間距，可說是新式對號快車應有的條件，只不過當時台鐵正在嚴重「迷戀」翻背座椅，因此車身雖是日本製造，還是要求在抵台後，才加裝國產的翻背椅。

台鐵這批車在該年二月陸續加入營運之後，使對號特快車給民眾有了耳目一新的印象；並且，從2月20日起增開台北、高雄間一往返，以服務旅客。在它們行駛了不到半年的6月1日，台鐵各級對號車原本使用的甲車、乙車、丙車……稱呼，為了方便外籍旅客辨示，特別改為1車、2車、3車……，無形中亦使得35SP32400型，成為定員64人新式對號快車用車當中，唯一用過甲、乙、丙、丁來稱呼的唯一形式。

◈32450系列集中供電式客車登場

台鐵在1967～1968年間，有人認為：每車裝設發電機(利用車軸行走時迴轉，以皮帶傳動帶動發電機)供應電扇、照明電源的方式「不方便」，何不使用電源車集中供電？因此，出現了32450系列的「集中供電式」客車。

這批車係由台鐵台北機廠仿35SP32400型的外觀自製，於1967年9月30日開工，隔年3月全部完成，包括35SP32450型34輛（編號35SP32451～35SP32484號）、35SPK32450型19輛（編號35SP32451～35SP32469號）及集中供電行李車35CBK32450型7輛（編號35CBK32451～35CBK32457號）。除了

35SP32450型裝設 TR—28 型轉向架外,其餘的35SPK32450型及35CBK32450型都裝設TR—29型的轉向架。

這款車因為車體下都未裝設車軸發電機,因此若不跟供電行李車聯掛,車內就會黑漆漆地沒有照明。這7輛供電行李車的外形可說十分特殊,發電機亦屬小型者,與觀光號、莒光號的電源行李車並不相同。

台鐵的這個客車集中供電計劃,很明顯地遭到失敗的命運。因為它的編組必需固定,而且若沒有供電行李車,光有客車也無法營運,因此它雖曾在台鐵電氣化後對號快車的缺車荒時,再度派上用場當對號快車使用,但卻在1983～1984年間大量被送進唐榮改造為莒光號及復興號而消失,僅剩35SPK32456及35SPK32457號,因事故而早在1977年1月就被「車體新造」地更新過,意外促成使用年限增長而得以苟活。不過,35SPK32456號在1993年5月亦因車身銹蝕嚴重而於北廠廢車,僅留35SPK32457號堅守著32450型系列的形式稱呼。這僅存的最後2輛,出廠時的TR—29型轉向架已被換掉,最終時裝用的是印度製的TR-40,35SPK32457號報廢後,32450型集中供電系列客車就形式消滅了。

◈旋轉椅標準型鋼體對號快車

台鐵的20公尺級對號快車,從32900系列一直演進到集中供電的32450系列,車內裝用的均為台灣自製的翻背椅。1968年1月26日至3月27日間,以台鐵自籌款向日本新潟鐵工、帝國車輛購進的35輛35SP32550型(編號35SP32551～35SP32585號)對號快車用車抵台,是台鐵首批裝設旋轉椅的客車。

台鐵這批日本原裝的旋轉椅,與日本國鐵1958年開始生產的20系客車、こだま型電車二等客室最初所裝用的座椅相同。只不過台鐵的這批椅子,把日本車用的絨布改為塑膠皮,而變得很不高級,沒有日本當年推出這種客車座椅時的優雅氣質。

台鐵在裝設TR-30型轉向架的35SP32550型客車引進之後,又以二次世銀貸款,向日本近畿、富士重工購買同樣裝設TR-30型轉向架、及使用旋轉椅的35SPK32600型40輛,編號35SPK32601～SPK32640

35SPK32456號。洪致文／攝

35SPK32457號。洪致文／攝

35SP32559號。洪致文／攝

1968年台鐵的車輛首度裝設這種旋轉椅。
洪致文／攝

這是日本1958年開始裝用的同形式旋轉椅，其椅背還附有折疊式小桌。圖為181系氣動車自由席的旋轉椅，1996年3月現役時的情形。洪致文／攝

35SP32553號。洪致文／攝

35SPK32635號。洪致文／攝

1969年購入的40BK32401號。洪致文／攝

號，於1969年3月至4月分三批交貨，5月上旬正式上路。

這次的購買案(第二次世銀貸款)，台鐵亦同時向日本東急車輛訂購了5輛的20公尺級行李車40BK32400型(編號40BK32401～40BK32405號)，同樣裝設TR-30型轉向架，於1969年5月11日卸船，21日加入營運，成為對號快車一族。

1970年台鐵以第三次世銀貸款，又向日本新潟、近畿、富士重工購進了100輛裝設TR-35型轉向架的旋轉椅標準型對號快車35SPK32700型(編號35SPK32701～35SPK32800號)，於該年9月起分批運到，11月全部加入營運。曾是台鐵同一型式客車中，唯一數目達到100輛的車型。

台鐵這批第三次世銀貸款的採購案，如同前次地亦購入了7輛的40BK32400型行李車(編號40BK32406～40BK32412號)，但轉向架改裝設類似的TR—38型。全部7輛於1970年9月30日運到，10月初加入營運。

台鐵的這批20公尺級行李車其實值得研究的地方

35SPK32750號。洪致文／攝

1970年購入的40BK32406號。洪致文／攝

1979年以改造名義登場的40BK32418號。洪致文／攝

35SPK32700型
內裝。 洪致文
／攝

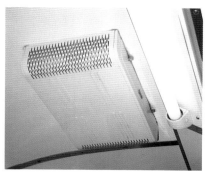

日本103系電車
內與台鐵同型
的播音器。洪致
文／攝

很多。1977年1月29日，40BK32407號與後來殘存的2輛35SPK32450型客車在同型車都仍健在時，被意外更新「重造」，據悉係因事故毀損所造成。該年台鐵亦拿了35BK32313號17公尺級行李車去改造為40BK32413號，使得40BK32400型又多了1輛。

1977年更新製造出的這2輛40BK32400型行李車，裝設的全是印度製TR-40型轉向架。1979年台鐵又一口氣拿了5輛35BK32300型的17公尺級行李車，去改造為40BK32400型40BK32414～40BK32418號行李車，全裝設35SP32750型原觀光號（後改莒光號）35SP32751～35SP32755號使用的TR-25型日車製轉向架，而把這5輛35SP32750型換裝印度製的TR-40。

1993年時，40BK32400型已開始廢車，因為台鐵辦行包的人員「發現」：行李車並不好用，反而是長條椅的通勤客車較為適合拿來裝行李；而且，長條椅客車亦方便隨車人員「休息」。所以，40BK32412、40BK32414、40BK32416號已先遭報廢的命運，其餘的兄弟車，也漸遭廢棄。

❖標準型對號快車輓歌

台鐵在1988年9月1日取消「對號特快」的列車等級之後，這些標準型64人坐的對號快車，就淪為一般的普快車使用車輛。1993～1994年間，台鐵曾嘗試把35SPK32700型中的50輛，改造為35SPK2300型有冷氣空調的復興號，以為這批狀況還不錯的客車尋找第二春。無奈這個計劃遭到民眾大反彈，最後不得不以改收普快車資以平息眾怒。其他的同等級客車，台鐵大概也不會再花錢去改造。

1993年32900型系列全滅，1995年17公尺級的鋼體客車亦幾近絕跡，剩下的就只有通勤型客車與這批定員64人的標準型20公尺級原對號快車用車了。依照台鐵的廢車計劃，這批車短期內並不會全部報廢，因為仍有部分閑散區間需要用它，而且軍事的考量亦不容台鐵只剩通勤車與空調車，所以暫不用耽心它的存廢問題。只不過，台鐵缺乏保存車輛的政策，大家最不願聽到的對號快車輓歌就將吹起，它們的全滅已是「指日可待」的事，只不過並非明天馬上發生而已。

台鐵的變身大王─32700系列

◈容易混淆的美援客車35SP32700型與對號特快35SPK32700型

在台鐵雜亂無章的車輛編號中，32200與32700是相當容易令人搞混的形式號碼，而這其中，使用32700這個數字的鋼體客車，更因為還歷經多次改造更新，號碼更是變來變去。如今，它們的衍生型車種，竟然有莒光號、復興號，還有客廳車！實在可以說是台鐵車輛的「變身大王」。

基本上，台鐵車輛客車部分的傳統編號，是以五位數字來表示。萬位數3表示鋼體客車，千位數2則表示二軸轉向架車，百位數（有時加上十位數）才為形式序號，而實際的車號則以流水號方式來編，另外再加上車種英文代號而成。這種台鐵的車輛編號方式始

於日據時代，光復後鋼體客車大量增加，編到32900型之後，台鐵便開始「插空隙」，並且擴大解釋為：只要噸數、英文代號與五位數字有一不同，那麼形式便不一樣，為兩種不同的車。

基於這個理念，35SP32700型與35SPK32700型便是兩種很像，但卻又是不同的車廂了。從車籍上來看，35SP32700型客車是1957年日本車輛製的美援坐臥兩用椅客車，後來1970年同樣從日本整車購入的100輛35SPK32700型，則是部分被抓去改為「改造復興號」的對號快車。

◈美援客車35SP32700型變身傳奇

台鐵運用美援購入的車輛其實不少，35SP32700型亦是其中之一。這型車是20m級的鋼體客車，外觀上

被改為客廳車的原美援坐臥兩用椅客車。洪致文／攝

最大的特色，是那「一米窗」(指窗寬)與窗戶上下的強化帶。它裝設的轉向架，是類似日本TR-47型的翼簧式鑄鋼製轉向架(台鐵編號TR-22)，外形相當特殊而引人注意。

它最初並無裝設空調冷氣，但卻裝有新式的坐臥兩用椅，曾是台鐵柴油飛快車時代，少數可以與其媲美的客車列車車廂。這款車係1957年日本車輛所生產，同年4月1日起，以「坐臥兩用椅客車」的名義開始營運。原本由成功號、銘傳號排點而衍生來的山線1次與2次，掛的是特快對號車、餐車與客廳車；這批美援客車加入行駛後，編成則變為特快對號車、餐車加坐臥兩用椅客車。而原來走海線的7次與8次，則掛快車車廂、單、雙層臥車與坐臥兩用椅車。

這批美援的35SP32700型一共有12輛，從35SP32701～35SP32712號。觀光號列車加裝空調冷氣開始營運後，35SP32704、32707、32708、32710這4輛，於1963年8月30日亦被送廠改造加裝冷氣設備。1964年3月21日全部完工後，它們便獲得了新的名字35SP32720型，編號改為35SP32721～35SP32724號，以有別於還未改造的8輛。

1972年，台鐵又於6月起開工，改造除了35SP32712號這一輛外的其餘7輛為觀光號冷氣車，並於同年12月全數完成，使得35SP32700型與35SP32720型同時存在達10年之久的情況不再出現，而35SP32700型的形式亦因此而消失。(35SP32712號被改為客廳車，亦不留原始車號。)

有趣的是：這批車的「變身傳奇」還未結束。它以特異的外型當觀光號行駛沒幾年之後，35SP32721～35SP32731號這11輛又在1977年5月至9月間，被更新改造為莒光號。這次的變身，除了TR-22型轉向架還沒變之外，車體倒是以莒光號的大窗形態登場。後來，它的轉向架被換成TR-40型，與印度仔車類似，整輛車的外觀，便被統一於制式的莒光號型客車當中，少有人去追究它當年的「身世」。(此型車原有11輛，1987年的左營事故，毀了35SP32724號這1輛，成為該型最早報廢者。)

❖變身！變身！客廳車

在台鐵12輛坐臥兩用椅客車當中，35SP32712號可說是不斷「變身」，每次都變得很怪的傳奇車輛。

它在1963年台鐵第一批4輛同型車觀光號改造計

改為莒光號的初期，仍使用TR-22型轉向架的35SP32720型。石川一造／攝

改為觀光號時代的35SP32720型。石川一造／攝

台北機廠內，廢棄的最後一個TR-22型轉向架。洪致文／攝

劃中，並未雀屏中選。1972年這一次的更新，它則有別於其它的7輛，被單獨特殊改造為35PC32701號客廳車，於1973年7月出廠。

它的外觀，瞭望台是最大的特色，不過就車輛史的角度來看，裝設的TR-22型轉向架與一米窗加強化窗帶的構形，徹底保留了美援坐臥兩用椅客車35SP32700型的傳統外觀，不似其餘的11輛，在1977年便被台鐵「換皮改造」不復舊觀。

它的內部，有瞭望室、吧台、餐桌與新式坐臥兩用椅，定員30人，但租用時卻特別規定要以52張成人莒光號票價計收。1988年，它的內部重新整修，冷氣亦換新，但最讓人印象深刻的，是最後殘有的TR-22型轉向架被換成TR-52型空氣簧轉向架，台鐵現役的TR-22型行走裝置，於此正式引退。

1993年年底，更令人傷心的事情接著發生。這輛客廳車被北廠整個「剝皮改造」為車側六個不等距的

莒光號大窗，所有美援坐臥兩用椅客車時代的重要遺跡，都一次被消滅精光。雖然台鐵認為，這是服務品質的提昇，但實際上卻是鐵道文化財保存上的大浩劫。或許35SP32700型的命該如此，終究是難逃剝皮改造的命運。

❖冷氣改造復興號35SPK2300型登場

在前面有提到，極易與35SP32700型美援坐臥兩用椅客車混淆的另一種鋼體客車，即是形式35SPK32700型的100輛對號特快用旋轉椅客車。

這批以第三期世銀貸款所購入的35SPK32700型客車，係1970年日本新潟、近畿與富士重工所製造，於該年度9月份起分批運到，11月間全部整備完成參加營運。它的編號由35SPK32701號編到第一百輛的35SPK32800號，曾是台鐵客車編號上，唯一個位數，十位數都是"0"的車輛。

1993年底到1994年初，台鐵為了農曆春節的運輸，

改造前的35SPK32700型。洪致文／攝

在唐榮新豐廠改造中的35SPK2300型。洪致文／攝

冷氣空調車輛不敷使用,乃將50輛的35SPK32700型送到唐榮加裝車頂冷氣更新。這批車改造出來後,塗裝為復興號色,窗戶除緊急通風用窗外全部封死。車側板的改善,第一批車相當粗糙,都裝了冷氣,居然連電風扇的開關都還「健在」,可見製作之匆忙與草率。在台鐵的要求下,後續改造出來的車倒是用心了一些,不過由於這批車原本就計劃是要用來做應急之用的,所以車內的旋轉椅並未更換,不少乘客老是抱怨:「復興號的票價,普通車的品質!」,殊不知它的冷氣實在夠冷,光吹冷氣,就值得收復興號錢,差只差在台鐵不會排點,讓它去開「站站停」的慢車,難怪怨聲連連。

這批車的改造,原本TR—35型的轉向架並未更換;抓去更新改造的車輛,亦是不按順序的隨便挑,因此很不幸地,35SPK32800號在這次改造中,亦被改為35SPK2303號,而車號消滅。唐榮更新出廠的50輛

改造後的35SPK2300型內裝。洪致文／攝

改造完成後的35SPK2300型。洪致文／攝

冷氣改造復興號，形式為35SPK2300型，編號則是35SPK2301～35SPK2350號。由於當作復興號行駛造成的「民怨」頗多，甚至連公平交易會都要指責台鐵的不對。所以最後迫於外界壓力，1995年6月1日起，這批車又改回以普快車票價來計收，可算是台鐵不善促銷，觀念保守下的犧牲品。

雖然說，35SPK32700型曾是台鐵客車當中，唯一同一形式高達100輛的一種客車，不過大約民國72年，35SPK32710號便已最先報廢，民國82年6月7日又接著報廢35SPK32792號，使得這型車再扣除50輛改造復興號，1995年時在籍的輛數，就僅有48輛而已。

◈雜亂的編號管理，是車籍混亂的開始

對於台鐵來說，由日據時代沿用迄今的32×××式編號法，其實還相當有空間可以做各種變化。尤其是數量大增之後，用「塞」號碼的方式，竟還能讓它「玩」十多年，相當不可思議。對照於1980年出現的10000型莒光號編號法，一直到1994年的10400系列新莒光號，可說是又自己在劃地自限，實在相當不科學。

從35SP32700型及35SPK32700型的例子，我們就不難體會，雜亂的編號，是車籍混亂的開始。台鐵為車輛編數字當名字，實在不可不慎！！

Bienvenue! 觀光號

❈觀光號誕生

在台鐵光復後的客車列車運用歷史當中，其實有一段不算短的時間，有種一脈相承的「傳統」存在的。這種「招牌客車列車」的傳承，從早期的成功號、銘傳號時代，到山1次、山2次快車、特快對號車、坐臥兩用椅車……，都一直是大白天行駛西部幹線的車中，最高級、最新穎的客車來擔任。

民國49年(1960年)，台鐵引進了第一批的觀光號客車。它們係日本車輛所製造的35SP32750型22輛，編號35SP32751～35SP32772號。同批購入的車中，還另外有35DC32750型餐車3輛，編號35DC32751～35DC32753號。

這批台鐵初代的觀光號客車，裝設的係日車製的TR—25型轉向架。車身兩側不含廁所窗，一邊共有13個一米寬的下降式車窗。原裝進口時，塗裝與一般的普通車一樣，是藍底外加一條白線；車內裝設坐臥兩用椅，並已預留加裝冷氣空調的空間。1961年6月18日，這批車正式開始以觀光號的名稱行駛西部幹線。不過這次的改點相當有意思，所有改駛觀光號列車的班次時刻表全未更改，僅更改行駛的車種。

像台北到高雄的山1次與高雄到台北的山2次坐臥兩用車，便時刻不變地改為1次與2次觀光號。台中、台北間的5次、8次觀光號及彰化、台北間9次、6次觀光號，也是從對號特快的班次變身而來。

❈改造觀光號登場

在1961年觀光號開行了之後，原有的坐臥兩用車（35SP32700型為主）便有更餘裕的運用空間去行駛夜車。不過筆者推斷，當時的觀光號因尚未裝設空調冷氣，因此台鐵的運用上，極可能把這兩類同為坐臥兩用椅的客車混合使用。只不過35SP32700型數量較

觀光號初登場時，藍色塗裝的外觀。

少，夜車又得靠它來行駛，使用在觀光號上的機率並不大。

1963年之前，觀光號客車並未加裝冷氣，所以內裝有電扇。開行之初的票價，為普通車的1.5倍；但行駛沒幾個月，在1961年10月18日碰上鐵路列車全面減價，而變成普通車的1.2倍。1963年加裝冷氣之後，則提高到1.68倍，票價是當時最貴的車種。

在1963年觀光號的加裝冷氣過程當中，第一批的35SP・DC32750型一共25輛，原就有預留空間，當然是改裝的首要對象。不過台鐵也在此際，拿了4輛的35SP32700型美援坐臥兩用椅客車來改造、加裝冷氣，於1964年3月21日全部完工，編號改稱35SP32720型的35SP32721～32SP32724號，是為「改造觀光號」。

◈ 觀光號列車使用車輛

在台灣鐵路的歷史上，整個民國50年代，觀光號可說是最風光的客車列車。1967年台鐵又透過世銀貸款，由北廠新造20輛的35SP32800型觀光號客車。這批國產的觀光號增備車於民國56年1月13日開工生產，同年6月13日全部完成，編號35SP32801～35SP32820號。

這批生力軍的加入，使得台鐵在同年7月20日的改點中，觀光號的使用更為多元化。首先，是觀光號開始開行宜蘭線的台北、蘇澳間列車。這兩班改寫宜蘭線列車運用歷史的11次與12次觀光號，大約二小時半即可跑完全程。而很有趣的是：它還停三貂嶺站呢！

另外，原本使用坐臥兩用椅與臥車的夜快車，也在這次的改點之後，改以觀光號和單、雙層臥車合編成7次與8次行駛北高之間，成為觀光號車廂運用上相當傳奇的一章。

1972年6月至12月間，台鐵又把仍未改造的7輛

R64號機車後的電源車，即是40PBK32800型。洪達雄／攝

仍可見電扇時的觀光號內裝。

電扇拆除後的觀光號內裝。

35SP32700型美援坐臥兩用椅車改造為35SP32720型的觀光號,只留一輛另外改造成客廳車,使觀光號的陣容又增加不少。

基本上,因為觀光號開始開行的時代,正好是台鐵引進R20型柴電機車的時候。因此觀光號初期的編組,大多以R20型來牽引,並在車頭前掛一個很大的Head Mark,於台灣島的圖案上還寫著Bienvenue的法文(歡迎之意),是戒嚴時代,台灣最有本土化氣息的列車。

❖觀光號的供電來源──電源行李車

1963年觀光號加裝冷氣之後,供電來源便是台鐵刻不容緩要解決的問題。該年台鐵為了觀光號的冷氣,首度增備了5輛由北廠製造的35EGK32300型電源車,編號35EGK32301~35EGK32305號。它們的車長僅17公尺,是台鐵急就章做出來的第一代電源車。在後

來有性能較佳的電源行李車出現之後,它們就陸續被卸下發電機,改為35BK32350型行李車,其中的35BK32353號一直使用到1990年代中期仍未報廢。

1967年伴隨著35SP32800型觀光號的增備,台鐵還有一個15輛電源車的購買計劃。這15輛車由北廠製造,內含7輛30SP‧SPK32450型集中供電式客車要用的40CBK32450型供電行李車,以及觀光號使用的40PBK32800型電源行李車8輛(編號40PBK32801~40PBK32808號)。

這整個計劃於民國56年4月25日開工,40PBK32800型於該年完成前6輛,民國57年6月26日全部15輛完成,使得每節全長20公尺的觀光號,不再只能掛17公尺的電源車來行駛。

❖觀光號變身莒光號

民國59年(1970年)莒光號的加入營運,使得觀

觀光號座椅。洪致文／攝

觀光號列車(機車後的電源車為觀光號塗裝)。1975.9.石川一造／攝

1975年5月時,停在嘉義站的觀光號列車。石川一造／攝

35SP32800型。石川一造／攝

原為35SP32820號的總統花車35SA32820號。
洪致文／攝

光號由台鐵的「首席」客車列車地位，退居第二位，成為莒光號次一等級的列車。不過據推測，也是因為白底淺藍色啞鈴形塗裝的莒光號出現，觀光號才變色為白底紅色啞鈴形塗裝的外貌。

　　1977年台鐵開始計劃淘汰觀光號，但是這個構想並非是將它們報廢解體，而是有「預謀」要交給唐榮更新為莒光號，好「變相加價」。第一批的更新車包括了35SP32750型的22輛、35DC32750型餐車3輛及35SP32720型11輛，在1977年4月到9月間陸續出廠加入營運。

　　民國67年（1978年）4月25日，觀光號駛出最後列車。最終時期的觀光號僅剩台北、屏東間一往返的48次及49次，前者中午11點04分屏東開，下午6點23分台北到；後者台北下午5點整開出，隔日零點32分抵屏東。票價方面，台北到高雄要331元，到屏東則要349.5元。當觀光號正式退出鐵道舞台之後，這批最後的35SP32800型觀光號客車也陸續進唐榮更新改造為莒

光號，連40PBK32800型電源車亦改塗色給莒光號用。

◈觀光號車的下場

　　在觀光號這個等級的車種消失後，客車部分很順利地轉換為莒光號使用，電源行李車亦在1982年6月至8月更新發電機組，並把順數、形式改換成45PBK32800型，繼續為非電化區間的空調客車服務。

　　殘存尚保有一點觀光號原味的車輛，則僅剩1969年台鐵拿35SP32800型的最後1輛35SP32820號，去改造為總統花車的35SA32820號了。這輛車車側已被改裝一貴賓門，內部空間亦大幅改造，可以說是台鐵意外保存下來的觀光號骨董。它那觀光號招牌的一米寬車窗，以及盥洗室、車底機械配置，都是研究當年觀光號的最佳對象。在台鐵把客廳車剝皮改造之後，這輛35SA32820號冷氣花車就是觀光號系列車輛的客車群中，最後的歷史見證了，希望台鐵能以文化保存的觀點，忠於原味地保留它，而不要為了逢迎拍馬屁，又像客廳車一般大肆剝皮改造，反而變得不倫不類。

毋忘在莒！莒光號

掛著「毋忘在莒」大招牌的莒光號列車。1975.5.石川一造／攝

◈莒光號誕生

在國民政府由中國大陸撤退來台之後，「毋忘在莒」的故事就不斷地被拿來教育民眾。除了金門那寫著「毋忘在莒」的大石碑，還有莒光樓、莒光楷模…等要大家隨時毋忘在莒的名稱。即使解嚴後，軍中每週都還要上一次「莒光日」政治教學。因此，這樣的氣氛，正是台鐵「莒光號」誕生的年代應有的「氣質」。

民國59年（1970年）台鐵以第二期世銀貸款向日本的日車與日立購買了32850型系列的第一批莒光號客車。它們包括電源行李車45PBK32850型5輛（編號45PBK32851～45PBK32855號），餐車35DC32850型4輛（編號35DC32851～35DC32854號）及客車35SP32850型27輛（編號35SP32851～35SP32877號），於該年1月運到，2月3日正式開始營運。初期行駛台北、台中間兩往返，2月20日起才增開北、高間一往返的長途列車。

這款一出來就把觀光號比下去，有著寬廣大窗、塗裝白底淺藍色啞鈴形圖案的優等客車，推出時台鐵的形容是：莒光號對號特快車乃台鐵最豪華之高級列車，設有空氣自動調節設備。深藍色絲絨沙發座椅，配以走道上深紅色地毯，色彩調和美觀。寬大之雙層玻璃車窗，懸掛高級白紗及厚布窗簾，視野極為廣闊。盥洗室男女分開，乃本車之另一特色。在座位號碼牌上設置叫人燈，通至女服務員室，以提高對旅客之服務。車上選派有經過特別訓練之女服務員，竭誠服務。免費供應茶水、書報、毛巾、並代傳電報、電話、限時信件。台北、高雄間各次莒光號特快車，並掛有餐車一節，供應中西餐點、價廉物美。

在這樣高的期許之下，以第三期世銀貸款購買的第二批日本日立、日車製莒光號，接著在9月運到，12月趕著過年前加入營運。這批車包括電源車45PBK32950型3輛（編號45PBK32951～45PBK32953號），客車35SP32950型45輛（編號35SP32951～35SP32995號）。民國60年1月5日開始，

R20型柴電機車牽引的莒光號列車。洪致文／攝

維修、整備中的莒光號客車。洪致文／攝

西線電氣化後的莒光號列車。洪致文／攝

莒光號的內裝。洪致文／攝

日本現役中類似(多了小桌與暖氣)莒光號初期使用
的座椅。洪致文／攝

左營事故報廢的35SP32724號。洪致文／攝

35FPK11300型殘障車的單人座椅。洪致文／攝

增駛台北、蘇澳間一往返，使得宜蘭線繼觀光號之後，又有了另一與縱貫線同一等級的優等列車在行駛。

民國64年（1975年）台鐵以向唐榮「租購」的名義，購入了第三批的莒光號客車。這批國產的初代莒光號，其實車身與前二批的日製車幾乎完全相同，僅轉向架改用印度製的TR—40型。它們的形式為35SP32600型，一共有35輛，編號35SP32601～35SP32635號；同型系列還有45PBK32600型電源行李車5輛，編號45PBK32601～45PBK32605號。

◈原生型莒光號的魅力

在筆者的記憶當中，早期的莒光號就是「優雅」兩字的代名詞。尤其是因它與筆者同一年出生，所以對它更有一種特殊情感。

基本上，上述這三批莒光號客車都可說是「原生

型」的代表，其中更以1969～1970年由日車、日立製的32850、32950系列可稱為莒光號之「祖」。它的車內裝設藍絨皮坐臥兩用椅，與日本1958年登場的こだま形電車或20系客車中之一等客室用座椅幾乎完全相同。因此，台鐵當時車內給旅客的硬體服務，大約只晚了日本10年。這些莒光號潔白的外觀，尤其是全檢出廠時最是迷人。它的標準牽引機車，是1969年台鐵由美國引進的R100型柴電機車。當年，它的車頭前方，都會掛一塊以秋海棠葉為底的大陸圖案，配上「毋忘在莒」、「莒光號」字樣的Head Mark，直到1976年3月15日台鐵廢除掛這種列車名牌的制度，才不再見到莒光號這麼正式地行走在台灣鐵路上。

在民國61年台鐵前二批日本進口的莒光號都上路後，台鐵莒光號的列車編成，1次到4次是以4輛客車，加1輛餐車，再加3輛客車及1輛電源行李車編組而成。

白底淺藍色圖案是莒光號早期的標準色（35SP32955號）。石川一造／攝

35SP32855號。洪致文／攝

35SP32973號。洪致文／攝

35SP32991號。洪致文／攝

35SP32635號。洪致文／攝

其餘班次則是以6輛客車,外加1輛電源行李車來行駛。

由於台鐵的車站行李房都設在上行方向側,所以西線南下莒光號的電源行李車,都是掛在列車的最尾端。當時,大概是考慮到行李車附掛的位置固定,因此這些初代的電源車,便都設計成最尾端只有一個車窗的非貫通形態,也是當時這些莒光號空調列車的一個特色。

◈觀光號變身車登場

民國66年起,台鐵陸續開始送觀光號進唐榮更新為莒光號。該年4月至9月間,台鐵的35SP32720型11輛及35SP32750型22輛、35DC32750型餐車3輛,都由唐榮更新為莒光號登場。民國67年4月25日觀光號停駛之後,35SP32800型的19輛亦接著被改造為莒光號。至此,台鐵的莒光號因為觀光號的「犧牲」,而多了三種

形式超過50輛的客車。

這股改造莒光號的風氣,在台鐵餐車停駛之後又再度吹起。1990年12月14日,3輛原觀光號35DC32750型的餐車,在改為莒光號餐車13年後,又被改造為一般的莒光號客車,編在35SP32750型項下的最後3輛—35SP32773~35SP32775號。另外的原莒光號餐車35DC32851及35DC32852號,亦在同一天改稱為35FP1000型35FP1016號及35FP1017號改造出廠。後來改的這兩輛之所以沒有直接編入35SP32850型的莒光號客車編號之後,恐係因其餐車時代就已換空氣彈簧的TR—52型轉向架,35SP32850型當時卻依然使用早年原裝的TR—33型轉向架,所以為了方便日後列車運用時不會造成困擾,因此特別有此種的改形式、改號碼情況(當時35FP1000型已裝TR—52型轉向架)。

仍裝TR-22型轉向架的35SP32724號(後來毀在左營事故的那一輛),1978年3月時的面貌。石川一造/攝

35SP32809號。洪致文/攝

原為餐車的35FP1016號。洪致文/攝

35SP32762號(裝TR-25轉向架時)。洪致文/攝

35SP32754號(裝TR-40轉向架)、洪致文/攝

35SP32729號。洪致文/攝

◈西線電氣化完工，莒光號增備型登場

民國68年7月，台鐵西部幹線全線電氣化完成。由於電力機車的牽引力較大、最高行車速度亦有所增加，台鐵路線上的列車容量因此而增大不少。尤其是正常編組的莒光號列車，堂堂10～15輛編成是電氣化時台鐵的期許。所以，這個目標達成之後，台鐵便要開始大量增備莒光號客車。

1979年年底至1980年間台鐵向唐榮購進了台灣首批裝設空氣彈簧轉向架（TR—50型，日本近畿製）的客車（電聯車裝設空氣彈簧轉向架較此為早）─莒光號10000型系列。

這批車在車身上部結構、設計方面，與1969～1970年間日本製的初代莒光號並無多大更改，幾乎完全一樣，台灣的客車列車製造技術，至此開始停滯不前，而台鐵亦以此為「滿足」，而不思改進。這批車包含40FP10000型64輛（編號40FP10001～40FP10064號）、40FPK10000型8輛（編號40FPK10001～40FPK10008號）及附有車長室隔間的40FPK11000型8輛（編號40FPK11001～40FPK11008號）。

台鐵西線電氣化完成後大量購車的計劃，其實是要一舉購入200輛客車的。只不過其中有120輛的份給了初期所稱的冷氣對號車（後來才改稱復興號）20000型系列，只留80輛的份給這些10000型系列的莒光號。

不過如果不看內裝上座椅及其間距的差異，這兩批車長得完全一樣。

這樣的雙生情形，一直到車頂冷氣的第一批車（1985年）還不斷出現。唐榮造車並不因座椅間距改變而重新設計車窗配置，要讓乘客坐到對著柱子的座椅，台灣的火車工業製造水準可見一斑。

台鐵在1981年之後到1983年間引進的第二批增備車，和復興號一樣，除了新製車外，有些是以「更新」的名義請唐榮製造「名義更新、實際全新」的客車。新製車部分，40FP10100型有10輛（編號40FP10101～40FP10110，於1982年出廠）、40FPK10100型亦有10輛（編號40FPK10101～40FPK10110號，於1981年出廠）。

更新車部分，有不應是更新車的40FPK10100型後15輛（編號40FPK10111～40FPK10125號，於1983年出廠），係拿30SP‧SPK32300型、35TP32770型、35T32700型、35MBK32300型及35SP32450型改造而來。其中，最引人注意的改造紀錄，乃40FPK10124號的前身為1958年木造車更新的30SPK32301號；及40FPK10125號的前身，1967年增備的集中供電式客車35SP32451號。它們都是該形式的第一輛車，沒想到都變成了莒光號而「肉體不在、精神永存」。

這批車中，應是附有車長室的新造車

40FP10054號。洪致文／攝

40FPK10106號。洪致文／攝

40FPK10001號。洪致文／攝

40FPK11104號。洪致文／攝

40FPK11100型5輛（編號40FPK11101～40FPK11105號），竟也是名義更新、實際全新的莒光號客車。它們的前身，全是1967年增備的集中供電式客車35SPK32450型，改造後裝設TR—51型轉向架。

這批增備型莒光號，依客車編號法來看，正規的更新車應有三形式，分別是：35FP1000型15輛（編號35FP1001～35FP1015，1982年出廠），全係35SP‧SPK32450型集中供電式客車改造；40FPK1000型25輛（編號40FPK1001～40FPK1025號），前10輛（1981年出廠）的原始種車有30SP32300型、35MBK32300型、35BK32350型、30TP32600型、35TPK32700型及35TPK32800型；後15輛（1983年出廠）則較單純，全由35SP‧SPK32450型改造；40FPK1100型10輛（編號40FPK1101～40FPK1110號），除40FPK1107號是30SP32317號改造而來，其餘的原始種車均為35MBK32300型郵政行李車。

❖ 車頂冷氣莒光號

1985年台鐵的優等客車構形，終於有了大改變。這個變化，即是把冷氣改設到車頂上去，使得一節車廂的兩端都可設車門，方便旅客上下。1986年，這批新風格的「車頂冷氣型」客車，終於繼先推出的復興號後，有了莒光號型的出現。只不過數量不多，使得

有一段時間，台鐵的復興號「看起來」都好像要比莒光號高級。

這批車頂冷氣的莒光號，全是1986年唐榮「名義更新，實際全新」的傑作。其中的35FPK10200型有10輛（編號35FPK10201～35FPK10210號），由30SP‧SPK‧FS32300型及35BK32300型改造而來。其中的35FPK10207與35FPK10209號，只活了5年就在1991年11月15日的造橋車禍中毀損報廢，相當可憐。

其附有車長室的同系列車35FPK11200型則有4輛（編號35FPK11201～35FPK11204號），全為30SP‧SPK32300型改造而來的「名義更新」車。它外觀最大的特色，是車長室並不裝設小窗，而改以與客室一樣的大窗；內部亦把服務小姐的座位與車長室打通，只設一門與客室間隔開。這型車的這個最後空間，常有台鐵行車人員的嬉笑、談話聲傳出，因此被趣稱為「打情罵俏室」，可見台鐵員工相處的融洽！

這批車除了上述幾輛外，還有台灣鐵路客車史上，首度製造的附殘障座椅客車35FPK11300型2輛。它們亦屬名義更新車，35FPK11301號的前身是30SPK32329號，35FPK11302號的前身是30SP32387號。1986年出廠時，裝設的就是TR—52型空氣彈簧轉向架，原始種車到底留用了多少「器官」令人懷疑。

1995年，台鐵以購買南韓製超低價通勤電車

35FP1006號。洪致文／攝

40FPK1012號。洪致文／攝

35FPK10201號。洪致文／攝

35FPK10435號。洪致文／攝

35FPK11203號。洪致文／攝

舊塗裝時代的40PBK32855號。石川一造／攝

初代殘障車35FPK11302號。洪致文／攝

45PBK32600型電源行李車,車端仍無法貫通,而只有一小窗時的相片。洪致文／攝

EMU500型的部分剩餘款,向唐榮議價購買50輛新莒光號。這批車的出現,再度證實了台灣鐵道車輛工業,自1985年以來,又有十年停滯不前!

　　台鐵這批10400型系列的莒光號,裝用TR—54型空氣彈簧轉向架,外觀上台鐵最引以為傲的是LED顯示幕。不過它們用沒多久有很多就已故障,品質、功能甚至還比不上台北市公車,更惶論其內裝製作上的粗糙了。在1995年元月底前,唐榮趕製了20輛的35FPK10400型給台鐵,以迎接春節的返鄉人潮。這系列的莒光號新車在過完年後又陸續出廠,總計一共有35FPK10400型40輛(編號35FPK10401～35FPK10440號)、附殘障座椅及車長室的35FPK11400型5輛(編號35FPK11401～35FPK11405號)與同樣裝設空氣彈簧轉向架(TR—54型),莫名其妙高級的電源行李車45PBK10400型5輛(編號45PBK10401～45PBK10405號)。

❀ 莒光號塗裝的台鐵客車

　　在台鐵的客車群當中,有些車為了與莒光號掛在一起有「整體感」,因此也會塗裝成莒光號的顏色。這

類的非莒光號座席客車,以電源行李車為大宗。除了上述介紹各型式系列莒光號車廂時附帶提及的電源車外,台鐵在1984年拿了35SP‧SPK32450型客車給唐榮更新製造45PBK32850型的45PBK32856～45PBK32858號;1985年亦以相同手法,以2輛30SS32300型雙層臥車去「變」出45PBK32859號及45PBK32860號。1987年,相同方式再以30SP‧SPK32300型3輛造出45PBK32861～45PBK32863號。

　　基本上,台鐵的電源行李車除了45PB32600型與45PBK10400型外,身世之謎都相當值得研究。

　　在台鐵的記錄中,40PBK32800型全形式8輛加上45PBK32850型的45PBK32852～45PBK32855號一共12輛,曾於1985年由北廠更新。這次大改造,車體全部新作,發電機亦換由大同公司得標,功率較大的機組。40PBK32800型並在該年更新完成後,更改形式噸數為45PBK32800型。至於沒有更新的45PBK32851號,則留到1985年與二輛雙層臥車改造為電源行李車的案子一起做,由唐榮負責。

　　台鐵除了這些電源行李車可見莒光號色外,1988

35PC32701號。洪致文／攝

被剝皮改造後的35PC32701號。洪致文／攝

年由45PBK32950型電源行李車卸下發電機組改為
35BK32950型行李車的35BK32951～35BK32953號，
以及原35EGK32303號電源車改造來的35BK32353號
行李車，亦都穿著莒光號顏色的外衣。尤其是後者，
更是車身17公尺長的最後莒光號塗裝車。

此外，45MBK80000型的第一輛45MBK80001號
及部分的40BK32400型行李車，亦都是莒光塗色的莒
光號列車用車。特殊車輛方面的35PC32701號客廳車、
35SA32820號總統花車，也都可算是莒光號一族中的
成員。

至於台鐵現今的各式柴電、電力機車頭，亦全是
以牽引莒光號來考慮塗色。即使有些火車頭恐怕從未
真正拉著莒光號營業運轉，卻也以莒光號的橘紅色來
塗裝。不過，在台鐵還未真正引進電力機車之時，美
國GE設計的模擬塗裝，筆者記得是以當時白底淺藍色
的初代莒光號色來表現。那時筆者就曾懷疑，這樣的
車頭如果牽引白底紅色的觀光號不是相當突兀？結
果，觀光號遭到停駛命運，同樣的問題，卻由復興號
來面對！

45PBK32601號。洪致文／攝

35BK32952（原45PBK32952）號。洪致文／攝

35BK32953（原45PBK32953）號。洪致文／攝

35SA32820號。洪致文／攝

45PBK32851號。洪致文／攝

45PBK32862號。洪致文／攝

35BK32353號。洪致文／攝

40BK32410號。洪致文／攝

❖莒光號之回首與展望

莒光號曾是台鐵最引以為傲的客車列車，不過在台鐵自身的不善經營策略下，已不復當年風光。如果您還記得本文開頭台鐵對它的期許，那它的現況即是：

莒光號對號特快車已非台鐵最豪華的高級列車，裝設的空氣自動調節設備(冷氣)，有些還會送出令人噁心的消毒藥水味。深藍色絲絨沙發只剩手把下還可見當年殘跡，走道上的深紅色地毯已改為相當沒有品味的塑膠地板。寬大的雙層玻璃窗因更新後的品質不佳，造成透明玻璃變成灰白車窗，視野不良。懸掛的高級白紗已不見蹤影，厚布窗簾亦很少清洗。盥洗室的空間尚存，不過您卻常可見到：「本車無盥洗室，請至鄰車」的牌子。在座位號碼牌上的叫人燈早已不作用，因為「經過特別訓練」的女服務員一列車可能只剩一位。車上負責供應的水還在，但茶包已不見；書報也因預算被刪而沒有，毛巾更是早就沒聽說過。要請車上人員代傳電話、代寄限時郵件，不如帶個大哥大要方便。台北、高雄間的各次莒光號，餐車早已停駛，有些更慘遭解體。車上賣的各式餐點奇貴，尤其是獨家販售的便當，更是物不美價不廉！1995年甚至還出現過比復興號還慢的莒光號列車，令人莫名其妙。

上述的這段莒光號敘述，正是今天它的慘況。對於社會大眾來說，莒光號雖然被經營得至此地步，不過當年的美好印象仍存心中。希望台鐵真的能夠「毋忘在莒」，只要把莒光號恢復到由日本原裝進口時的豪華，那才是全民之幸；而不是一天到晚只想簡化車種停駛莒光號，好再去變相加價了。

莒光號、復興號內裝不同、外觀相同系列車對照表

莒光號形式	製造初年	復興號形式	製造初年
40FP10000	1979	40SP20000	1980
40FPK10000	1980	40SPK20000	1980
40FPK11000	1980	40SPK21000	1980
40FPK1000	1981	40SPK2000	1981
40FPK1100	1981	40SPK2100	1981
35FPK10200	1986	35SPK20200	1985
35FPK11200	1986	35SPK21200	1985

妾身不明的復興號

復興號列車。洪致文／攝

❈復興號誕生（冷氣對號→莒興號→復興號）

　　台鐵復興號列車的誕生，雖然是發生在1980年代的事，不過其過程混沌不明，可說是歷經多個不同時期才真正「生」出復興號車來。

　　基本上，台鐵第一批向唐榮購入的40SP20000型、40SPK20000型及40SPK21000型一共120輛復興號客車，並不是以復興號的名義購買，而是以「冷氣對號車」的名目購入。1980年6月底，這批唐榮製的客車有15輛率先交車。它的外觀、窗戶配置與傳統的莒光號相同，僅內部座椅間距及外側塗裝有所改變，而獨立成另一類車。

　　它們的塗裝，與同時期出廠的10000型系列莒光號客車一樣，都是由橘紅色與米黃色相互搭配而成。不過莒光號的白色線條只有一條，這批冷氣對號車則有二條，方便區別。

　　1980年7月16日，這第一批的冷氣對號車正式登場載客，與莒光號掛在一起運用。其車票使用原莒光特快的樣式，但下加一行小字「附掛對號」，並增印一道紅線，可說是復興號的初代車票。

　　1981年3月1日，「復興號」這個列車名正式出現。台鐵規定：原莒光號冷氣對號的列車改稱莒興號，獨立出來開行的冷氣對號客車則稱做復興號，票價以每人0.95元／km來計算。各站原存之「莒光特快·附掛對號」車票繼續使用，但要在「莒光特快」字上加蓋「復興」兩字，嗣用完後再申請復興號車票。

　　1981年12月28日，台鐵在1950年代廢止列車分等制近30年後，又復活的同一列車有不同等級之莒興號客車，再度遭逢大失敗而成歷史名詞。此後，復興號自己開行自己的班次，不再與莒光號合掛稱作莒興號，台鐵也順利地增加一個次於莒光號等級的車種。

　　台鐵這批第一代的復興號客車，包括了90輛40SP20000型（除內裝外與40FP10000型莒光號相同）車廂，編號40SP20001～40SP20090號，於1980～1981年出廠；另外，還有15輛的40SPK20000型（除內裝外

復興號剛推出時的橘色塗裝。石川一造／攝

40SP20013號（未塗局徽時）。洪致文／攝

40SPK21012號。洪致文／攝

40SPK2019號。洪致文／攝

與40FPK10000型相同），編號40SPK20001～40SPK20015號，1980年6月到9月間出廠；以及附有車長室小隔間的40SPK21000型（除內裝外與40FPK11000型相同）15輛，編號40SPK21001～40SPK21015號，1980～1981年間出廠。

它們因為是拿莒光號的車廂設計，縮短座椅間距而成的客車，所以有些座位對不到窗戶、碰上的竟是柱子！40SP・SPK20000型的原始設計40FP・FPK10000型，原本一車只設52個座位，但換成復興號後，則塞了60個座位，難怪出現這樣的情況。附有守車的40SPK21000型復興號，亦是把40FPK11000型的44個座位設計，多塞成48個座位。不過好在，復興號的內裝是比莒光號要差，但裝用的仍是與同時期推出的莒光號客車一樣的TR—50型空氣彈簧轉向架，台鐵車輛史專家童振疆便指出：真是莫名其妙的高級！

◇◇第一批更新復興號客車登場

在1981年至1982年間，台鐵以更新的名義，留用部分的配件（主要是轉向架），第一批的更新復興號客車由唐榮製造出廠。它們與第一代以冷氣對號車名目購進的復興號客車，在外觀上有一個改變，那即是靠近車門處的一個大窗，改成二個小窗，其中一個並還能部分打開，以防冷氣空調當掉了時，可以緊急做為通風之用。

這批車中的40SPK2000型一共有35輛，完成於1981年至1982年，編號40SPK2001～40SPK2035號。因為它是以更新的名義製造生產，所以因它出現而消失的車輛，包含了美援平等號客車35SP32200型、木造車鋼體化車30SP・SPK32300型、35MBK32300型、35BK32350型、集中供電的客車35SP32450型、對號快車用車35SPK32900型及通勤客車35TP32700型、35TP32770型、35TP・TPK32800型。附有守車設備的5輛40SPK2100型，編號40SPK2101～40SPK2105號，全為35MBK32300型木造更新郵政行李車於1981年再度更新而得。

◇◇變色復興號問世

台鐵復興號客車登場之時，係以類似橘紅色莒光號，但中間有二道白線的形態問世。但因這樣的塗裝

極易使人與莒光號混淆，所以1984年至1985年間大量
再度推出的車頂冷氣型復興號客車，便改為天藍色加
灰白色組成的新顏色。

　　1984年，台鐵第一批改色的復興號，35SPK2200
型的35SPK2201～35SPK2208號及35SPK2210號、
35SPK2211號10輛，趕在元旦前的12月28日出廠。它
們不只在復興號客車的塗裝史上有重大的改變；在車
輛的設計上，是首度將原本都置於車端的冷氣空調機，
大膽地改設在車頂上的第一種輕量化客車。

　　它們因為冷氣從傳統的位置往車頂上搬了，所以
有「車頂冷氣型客車」之稱。同樣，也因為這個緣故，
它可以在車的兩端都設車門，以方便旅客上下。

　　台鐵「變色」後出廠的復興號，35SPK2200型與
35SPK2150型是以更新舊鋼體車的名義，委由唐榮所
製造。35SPK2200型的輛數有57輛，編號35SPK2201
～35SPK2257號，因它的出現，台鐵被終結掉的客車，
其形式有集中供電式的35SP‧SPK32450型、17公尺級
通勤客車30TP32600型、鋼體化更新車30SP‧SPK‧
FS‧SS‧TS32300型、35BK‧MBK32300型、
35BK32350型、美援平等號客車35SP32200型。

　　其中最耐人尋味的改造，是如下的幾輛：
35SPK2239←原造於1962年之三等臥車30TS32303號。
35SPK2244←原造於1962年之頭等臥車30FS32303號。
35SPK2245←原造於1963年之二等臥車30SS32301號。
35SPK2246←原造於1963年之二等臥車30SS32304號。
35SPK2247←原造於1963年之二等臥車30SS32306號。
35SPK2248←原造於1962年之三等臥車30TS32301號。
35SPK2249←原造於1962年之三等臥車30TS32302號。
35SPK2250←原造於1962年之三等臥車30TS32304號。
35SPK2254←原造於1951年之美援平等號客車第一輛
　　　　　　35SP32201號。
35SPK2256←原造於1963年之觀光號電源車35EGK
　　　　　　32305號，改為35BK32355號，再更新而成。

　　至於35SPK2150型，則是種附有車長室小隔間的
座位定員48人復興號客車。它一共有8輛，編號
35SPK2151～35SPK2158號，全係1985年唐榮更新製
造。因它的出現，台鐵被終結掉的客車形式有30SP‧
SPK32300型、30TP‧TPK32600型及35SBK32300型

40SPK2103號。洪致文／攝

35SPK2212號。洪致文／攝

35SPK2158號。洪致文／攝

35SPK20203號。洪致文／攝

35SPK21202號。洪致文／攝

改造復興號，是穿著復興號外衣但收普快車資的火
車。洪致文／攝

不是復興號塗裝，但收復興號車資的通勤電車。
洪致文／攝

35SBK32306號。

　　台鐵復興號變色政策實施後推出的車頂冷氣復興
號，除了這兩批名義更新的客車外，1985年間也委由
唐榮新造了一批數量較少的新製車35SPK20200型及
35SPK21200型。前者35SPK20200型一共有14輛，編
號35SPK20201～35SPK20214號，除內裝外與
35FPK10200型可說是造型相同的雙胞胎。後者
35SPK21200型只有2輛，編號35SPK21201號及
35SPK21202號，最大的特色，是車長室的小隔間使用
與客室一樣的大窗，極好辨認。

※妾身不明的「復興號等級列車」

　　如果說，台鐵的復興號只有上述幾種客車在運用，
應該是不致於造成民眾混淆的。但台鐵從1980年推出
這種客車之後，就一直有個觀念：只要普通車、對號
快車等級的車廂，有了冷氣之後，就要收貴一點的錢。
因此台鐵的觀點，不是普快等級車廂加裝冷氣造福民
眾，而是我車廂有了冷氣後，我要再創出一個冷氣對
號車或復興號的票價等級來收費。

　　因此，台鐵1990年11月初登場的通勤電車，理所
當然的就要收復興號的票價。筆者記得當年11月10日

通勤電車正式營運的第一天，台北車站的廣播原本說：
「各位旅客，開往××的通勤電車快要開了！」，結果
造成不少民眾買了普快車票就要上車，後來只好改稱：
「開往××的復興號電聯車快要開了！」，以防止旅客
買錯票又上錯車。只不過令人覺得可笑的是：台鐵那
來的「復興號電聯車」？台鐵收復興號車票的列車，不
一定是復興號啊！

　　這樣的混亂，在1993年至1994年間由
35SPK32700型加裝冷氣而成的50輛35SPK2300型改
造復興號登場後，又再度重現。

　　這批車台鐵又重施故技，改收復興號車票的錢，
但時刻表卻按照原來慢吞吞的普快車排點來跑，終於引
起社會大眾的大反彈，於是不得不在1995年6月1日起
改回以普快車票價來收取。

　　台鐵復興號經過這兩次大衝擊之後，擺在眼前最
棘手的難題，即是：「不是復興號的列車，但要收復興
號的票價」，以及「明明是復興號塗裝的客車，但卻不
能收復興號的錢」。也許，這就是台鐵復興號列車，從
冷氣對號車時代以來，「地位未定論」所造成的妾身不
明影響吧！

台灣的有蓋貨車

❖台鐵有蓋貨車的分類

　　貨車的分類，在鐵路草創時期，大多是以「有蓋車」與「無蓋車」來區分，台灣鐵路自然也不例外。當時認定有蓋與無蓋的分界，並不以有無「車頂」來做區分，而是以貨物放進或倒進火車之後，車體本身的設計，是否「有蓋」使它朝天或不朝天。

　　基於這個分類理念，日據時代鐵道部（台鐵）在「有蓋車」的項下，有「貨運緩急車」（ワフ，光復後之蓬車附軔車）、「貨車」（ワ，光復後之蓬車，英文代號C）、「車長緩急車」（光復後之蓬守車，英文代號CK）、「鐵製有蓋車」（テ，光復後之鐵蓬車，英文代號S）、「冷藏車」（レ，光復後英文代號R）、「家畜車」（チ，光復後英文代號K）、「豚積車」（ウ，光復後之豬車，英文代號P）、「馬運車」（ム，用來搭載大官馬車所需要的馬匹，光復後無此車種）、「油槽車」（搭載一般油料ユ，汽油ケ，糖蜜ミ，光復後之各式罐車）、「水槽車」（ス，光復後之水罐車，英文代號W）、「非常車」（ヒ，光復後之救援車，英文代號E）。

　　這其中，以油槽車、水槽車列入「有蓋車」項下，最容易引起把有蓋、無蓋定義成有無車頂者的非議。畢竟，油槽、水罐與傳統的貨車在形態上、用途上差異較大，筆者在此也願意另闢篇章來探討。至於光復後出現的「通風車」，因其類似蓬車，所以列入有蓋車討論；但穀斗車、水泥斗車……，這些應該也算有蓋車的貨車，則列入「斗車」的項下介紹。

❖台鐵黎明期蓬車

　　在貨車的發展歷史上，有蓋車的發展大多從我們今天所稱的「蓬車」開始。劉銘傳創設台灣鐵路的初期，並無購入貨車的記錄，不過在日本領台之後的鐵道普查，記錄中已有4輛英國製的「屋根付貨車」，此

快走！3AK2044號守車。洪致文／攝

有蓋貨車一直是台鐵貨運極重要的一種火車。
古仁榮／攝

日據初年攝於台北的照片中之一角，可見2輛早期的有蓋貨車。

花東地區的糖廠，是台鐵舊式有蓋貨車的最後樂園。
洪致文／攝

花蓮糖廠內車身無標記的台鐵老蓬車。
洪致文／攝

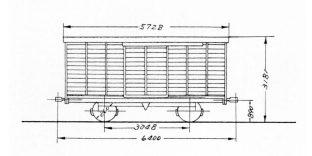

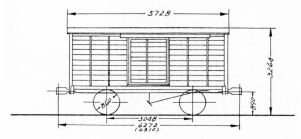

10C30型形式圖。台鐵／提供

10C160型形式圖。台鐵／提供

乃台灣最早的一批蓬車——亦是台灣最早的有蓋貨車。

明治29年度（1896年），台鐵購入了15輛的有蓋貨車，它們均為木造的二軸蓬車，可載重6噸。明治37年度（1904年），縱貫鐵路南部段已開始客貨營業，所需貨車數量增加。鐵道部在該年以原有的小型貨車（筆者推斷，可能就是這批15輛的蓬車），改造為可載重10噸的蓬車，2輛在北部線，13輛在南部線登場（同年之統計，先前提到的載重6噸蓬車15輛正巧全數消失）。這批光復後被編號為10C130型，皮重6.15噸，長寬高尺寸6.272×2.248×3.294（單位：公尺）的木造蓬車，部分很幸運地活到民國50年都還健在呢！

台鐵在日據時代對這些蓬車的分類，雖有形式稱呼，不過統計年報上都是以皮重、載重噸數來劃分，因此研究時不明處甚多，造成黎明期蓬車的歷史混沌不明。

目前，有較確定記錄的一群木造蓬車，是當年北迴線南段通車時，曾移籍到花蓮使用的那一批（這得感謝曾任花蓮機務段長的徐興發先生保留此份資料）。這群車中，以後來稱為10C30型的木造蓬車年齡最老，造於1897年，製造廠的記錄是汽車會社與北廠，長寬高尺寸為6400×3262×3181（單位：mm）。經查證明治32年（1899年）時的在籍車輛記錄，並無載重10噸的此型車，因此可以確定它們後來都經過改造，增加載重噸數而成此貌。（1899年的統計，有蓋貨車僅有配屬北部段的24輛，與南部段的15輛，載重全為7噸。）

明治36年（1903年），台鐵開始增備10C160型的蓬車。此種蓬車的總輛數很多，從10C161號編到10C677號，製造廠的記載是汽車會社與北廠。

很有趣的，早於1903年10C160型的登場時間，台鐵在1901年就開始使用了造於1901年的10C680型蓬車。

10C160型。洪致文／攝

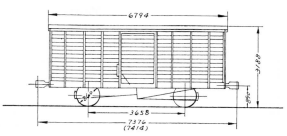

10C1100型形式圖。台鐵／提供

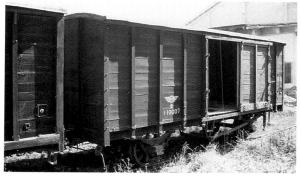

10C1100型之10C1194號。洪致文／攝

台鐵保存車10C1216號。洪致文／攝

　　10C680型的製造廠為北廠，1901、1902、1903與1906年都有少量生產。它的車身尺寸，其實與10C160型大同小異，台鐵這些早期木造蓬車，一定曾經過一些車身改造與車號大重整。而今我們所見的形式稱呼，都是整編後的結果。否則，以台鐵給車輛的編號習慣，是不太可能出現10C160型編到10C677號，然後馬上又接10C680型繼續編下去。這樣的擁擠塞車號，無非是想以最小的數字使用空間，把當時仍存的車輛全給個名字的作法。

　　這樣的編號，大概到10C1000型的出現，才不再如此。然而，10C1000型的始造年代不明，僅知10C1100型於大正8年(1919年)開始增備，製造廠有日本車輛、汽車會社與高廠，長寬高尺寸為7376(或7414)×2540×3188(單位mm)，有上百輛的增備。1924～1926年的大正末期，台鐵又入籍了北廠製造，總數近150輛的10C1300型。它的長寬高尺寸為7376×2540×3188

(單位：mm)，與部分10C1100型竟完全相同。這其中造於1924年的10C1310號，直到1996年春的調查，都還在位於光復的花蓮糖廠活得好好的呢！

　　事實上，花蓮糖廠與台東糖廠直到1996年春都還可說是台鐵早期蓬車的樂園，有些車身還殘留台鐵時代的車號油漆殘跡，因此可以推出其前世，然而有些甚至已被貼上鋼皮，而很難辨明身份。

　　若我們再以載重噸數來看，1911年台鐵拿部分10噸蓬車來改造為12噸蓬車，並首次新造光復後編號14C4000型的載重14噸蓬車，讓台鐵蓬車的載重程度又向前跨一步。1920年，12噸蓬車又被改造為14噸蓬車(推測為14C4050型)，使得台鐵載重12噸的蓬車形式稱呼，在日據時代就已消失。1926年載重15噸的15C5000型木造二軸蓬車登場，台鐵二軸蓬車的載重就趨於固定，蓬車歷史也走出黎明期車型、車體的混亂，一切的記錄都較為明確。

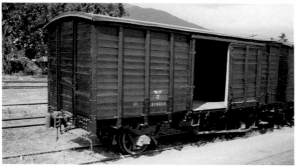

10C1310號。洪致文／攝

1920年由載重12噸改為14噸的14C4050型14C408?號。
洪致文／攝

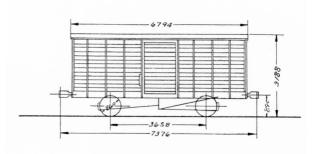

10C1300型形式圖。台鐵／提供

依照台鐵民國50年3月時在籍貨車的形式記錄,這群載重15噸以下的黎明期蓬車有: 9C30型、9C90型、9C130型、9C160型、9C750型、10C10型、10C30型、10C80型、10C90型。10C100型、10C130型、10C160型、10C680型、10C730型、10C740型、10C1000型、10C1100型、10C1300型、10C1500型、14C4000型與14C4050型,與小型木造客車一樣混亂。

❖載重15噸標準型蓬車登場

台鐵的蓬車發展到1926年首度登場的15C5000型時,可說形態、樣貌已大致固定。由於當時的政府單位,係以三月做為年度統計的分界,因此在記錄上,1925年度的台鐵已增備了4輛的此型載重15噸木造二軸蓬車。

1926年度同型車再增備106輛,總計第一批共有110輛登場。到了1927年度又增備200輛、1928年度120輛,1929年度150輛,1930年度100輛。昭和5年度(1930年)的統計,該型車在籍輛數高達680輛,超過載重10噸之蓬車的617輛,奪得台鐵貨車數量冠軍的寶座。

這批台鐵昭和初期增備的蓬車,可說是台鐵木造蓬車最輝煌時代的標準型之作。接下來引進的蓬車,就開始要朝木製車身外貼鋼皮的「半鋼製蓬車」目標邁進。

昭和10年(1935年),台鐵初代的鋼體客車(實質應稱「半鋼製客車」或「木鋼合組客車」)32000系列登場;貨車方面,仿此模式,把車門亦做成外貼鋼皮,並有Y形補強框架的15C6000型亦於此年出現。昭和

15C6059號。古仁榮／攝

現役時的15C5482號。1984.1.森崇／攝

11年度，亦接續增備了同型車94輛。光復接收後1949
年的統計，該型車有169輛健在。

昭和12年，隨著鋼體客車的大量增備，全車都在
木造車身外貼上鋼皮的ワタ7000型（15C7000型）蓬車
正式登場。它的車門與15C6000型作法相同。陸軍位於
土城的原運輸兵學校內，保存有全台灣最後一輛的
15C7000型，只可惜車號不明。該型車在光復後1949年
的調查，共有362輛存在，如今僅一輛存世，而且還是
陰錯陽差給了陸軍才留下來，實在令人感到可悲。

❖戰時體制下的台鐵蓬車

昭和12年（1937年），日本發動侵華戰爭；緊接著
二次世界大戰的開打，台灣的一切都攏罩在戰爭的陰
影之下；台鐵貨車為戰時物資運輸的主角，自然也不
例外。

昭和14年（1939年）7月，由日本引進的25C10000
型二軸轉向架式鋼皮蓬車登場。此型蓬車即是後來的
代用客車、代用行李車。其車內可坐人的簡易式長條
座椅、車端有可貫通的設計、車側裝設二扇1.7m寬的
拉門，都是為了軍隊物資與士兵的快速、有效率運輸
而特別設計。此型車的出現，可說是戰時體制下的產
物，直到光復之後國府遷台，為了反共抗俄，這型車
還曾被陸續增備製造。

昭和17年的戰爭時期，以南進為設立目的的台灣
拓殖會社亦增備了10輛的私有自備蓬車（後來的
P10C10型），加入運輸的行列。

昭和17年至18年（1942～1943）間，台鐵也再

改為工程用車的15ES5099號。洪致文／攝

15C6125號。

15C7000型。洪致文／攝

原為15C16253號的15ES16253號。洪致文／攝

30C9091號。洪致文／攝

原10C1700型的10ES1710號。洪致文／攝

10C1700型。洪致文／攝

廢棄在高雄港站的一輛25C10000型（其轉向架並未更換）。洪致文／攝

增備了15C16000型的鋼架木造蓬車加入行駛。這款戰時登場的貨車，就像同時期日本造的蒸汽火車有「戰時急造型」一樣，為了節省鋼料，不必要的鋼材部分能省就省，因此在15C7000型全鋼皮蓬車問世之後，又回頭去造以木材為主的蓬車。

此型車的總製造輛數不明，但光復時1949年的統計有226輛，可見數目亦不少。改為工程宿營車而意外存活的15ES16253號，也證明了若無跳號，該款台鐵高廠戰時製造的蓬車，總數應超過250輛。（台鐵的記錄，15ES16253號係造於戰前。）另外，戰後有張15C16276號的相片存世，其究竟是戰災復舊車、新造車還是戰前所留的車就很難考證了。

◇台鐵近代化蓬車

台鐵光復之後在經過了約10年的慘淡歲月之後，民國42年（1953年）首度又引進了近代化的載重30噸30C9000型蓬車（登場時是以30C15000型來編號）。在此之前，1948年至1952年台鐵僅利用廢棄舊車輛來拼造貨車；1952年則利用日據時代舊存材料，製造出載重15噸蓬車50輛、10噸蓬車15輛（改為工程宿營車的10ES1710號即屬其中之一，為台鐵高廠所造；台糖在光復的花蓮糖廠，亦有幾輛10C1700型存在著），於1953年出廠。真正光復後出現的新式蓬車，則應從30C9000型算起。

30C9000型轉向架式蓬車，於1953～1958年間由台機、日立製造出廠；1960～1967年間，則有可耐時速75公里高速行駛的15C8000型近代蓬車登場。該款高速化蓬車係由台鐵自行購料，由台北機廠組立完成。第一批55輛於1960年10月出廠，後續又組立了好幾百輛的同型車。1993年台鐵的統計，在籍的此型車還有

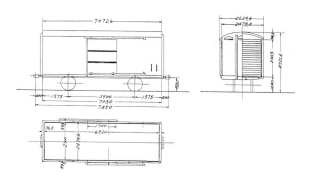

15C8000型形式圖。台鐵／提供

15C8426號。

花蓮機務搶修隊專用的15C8026號。洪致文／攝

台北機廠專用的15ES8546號。洪致文／攝

15C15024號。洪致文／攝

30C20002號。洪致文／攝

30C20033號。洪致文／攝

35C21165號。洪致文／攝

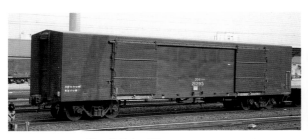

35C21295號。洪致文／攝

35C22019號。洪致文／攝

35C23001號。洪致文／攝

35C24007號。洪致文／攝

35C24022號。洪致文／攝

30C25021號。洪致文／攝

522輛，另有改造為工程宿營車的15ES8000型36輛。

民國57年（1968年），台鐵以世銀一次貸款購料，由台北機廠拚造組立出30輛形式15C15000型的全開式拉門二軸蓬車。該型車係台鐵北廠於該年6月7日開工，7月25日完成的新形態貨車。它的車側門為多片式組合，可以全開，為了防止因此而造成的強度不足現象，故側板均做成波浪狀以增加強度。

1970年，台鐵以世銀二次貸款向印度購買了30C20000型轉向架蓬車120輛，於4月抵台，8月參加營運。隔年，台鐵又從印度引進了30輛全開式車門的轉向架蓬車30C25000型，它們與15C15000型一樣的是：為了強化車身強度，車側板亦都做成波浪狀。不過，也因為它的這種設計較難維修，所以台鐵高雄機廠一直很想將它們報廢。或許，這種全開式設計的蓬車，會是台鐵報廢貨車之時，首先考慮的對象。

民國60年（1971年）起，台鐵的轉向架蓬車載重，首度有35噸級的出現。1971～1973年，唐榮製的35C21000型登場，1971年同時亦還有20輛的35C22000型出廠。電氣化完成後，台鐵在1981年購入了60輛的35C23000型，1982年購進了50輛的35C24000型，1991年則買了50輛的35C25000型，均是台機所生產。

❖台鐵的試造、改造蓬車

在台鐵缺乏火車保存的政策下，很多車輛演進上很重要的火車，若沒有「陰錯陽差」的留下來，真的就將成為歷史上永遠的謎團。幸好，台鐵有挑較不用的客貨車，改造為「工程用車」的習慣，因此就有一

奇怪的蓬車15C7310號。洪致文／攝

些試造車、骨董車，便這樣陰錯陽差地保存下來。

台鐵的10ES5000型，其前身為木造二軸蓬車10C5000型；10ES16000型則是戰時製造的15C16000型，僅存的2輛為10ES16035號及10ES16253號。10ES1700型的10ES1710號，則是1953年台鐵光復後以日據時代所剩資材做出的15輛之一。15ES8000型的前身，則是15C8000型的二軸蓬車。

台鐵上述的蓬車改造工程用車，都相當程度地提供了當年其蓬車時代的樣貌。不過，它們對鐵道研究上的衝擊，還是沒有10ES17000型這輛試作車要來得大。

10ES17000型的前身是17C17000型的鋁皮試造蓬車，有史以來就僅有這編號17C17001號1輛，是1978年由台鐵與台鋁合作試辦，台北機廠製造，同年6月15日出廠的試作車。它在後來被改造為工程宿營車，塗裝為灰白色，配屬在烏日鋼樑廠之內。

鋁皮試造蓬車10ES17001號（原10C17001號）。
洪致文／攝

台鐵除了這些由蓬車改來的車輛外，還有一些是由其他貨車改造而來的蓬車，亦保有蓬車的車籍。它們包括1981年前後由12R200型冷藏車改來的15C7500型及12R300型冷藏車改來的15C7600型；至於15C7700型，亦是冷藏車(12R500型)改造而得，1995年最後一輛報廢而形式消滅。

在台鐵1993年的貨車統計中，15C7000型尚有1輛在籍。不過，這輛編號15C7310號的蓬車，與當年日據時代製造的15C7000型已不相同。似乎是仿15C8000型來製造(或重製、更新)，但車長比一般二軸蓬車都要

9CK112號。洪致文／攝

長的怪樣貌。（這輛車1994年3月全檢出廠後車身上的形式寫著7300型，事實上這是錯誤示範，台鐵的車籍記錄都以7000型稱之。）

◈從貨運緩急車到車長緩急車（守車）

在台鐵有蓋車的發展初期，附有軔機設備的蓬車，都被歸入「貨運緩急車」的項下。這些車與今天的守車並不同，它並未提供車長一個很大的乘務空間，頂多是個小隔間，能夠操作軔機而已。

明治29年（1986年），台鐵初代的第一輛「貨運緩急車」登場。此後，伴隨著各式蓬車的出現，這種黎

明期的守車不斷被製造出。昭和2年時的統計，載重7噸者有84輛、8噸者1輛、9噸者283輛。昭和3年度（1928年），34輛的二軸「旅客手荷物緩急車」被改造為初代的「車長緩急車」，光復後稱為3CK900型的蓬守車登場。

這種車長緩急車較之原來的「貨運緩急車」，有了較寬廣的車長室空間，並附設有便所、洗手台、乘坐用長條椅，對車長的工作環境，有很好的改善。昭和6年度（1931年），則又拿了6輛的二軸「旅客手荷物緩急車」及6輛的「郵便緩急車」，改造為「車長緩急車」

6CK600型。洪致文／攝

3CK911號。洪致文／攝

現役時的3CK902號。洪達雄／攝

花蓮糖廠內的一輛3CK900型車。洪致文／攝

3CK1014號。1984.1.森崇／攝

加入營運。這一年，以「車長緩急車」掛於貨物列車兩端的運轉形態可謂已然確立，因此該年度共有135輛的「貨運緩急車」，被改造併入一般的蓬車(當年稱「貨運車」)項下。昭和12年 (1937年)，台鐵蓬車發展上有劃時代意義的ワタ7000型 (後來的15C7000型) 登場，隔年的昭和13年度，以類似的製作技術，13輛的ワフ1000型鋼皮車長緩急車首度出現，這批台鐵初代的鋼皮蓬守車，就是後來我們看得到資料的3CK1000型。

台鐵在光復之後，鋼皮蓬車的發展以附有軔機為原則，因此不再分「此輛有無軔機」，而是改以有否附車長室，來區分蓬車、蓬守車或專用守車。

1961年3月時台鐵在籍的蓬守車有6CK30型、6CK90型、6CK100型、6CK460型、6CK600型、9CK100型、9CK160型、3CK900型、3CK1000型與代用行李車的兄弟車10CK10000型 (1969年度改回25C10000型)。

民國54年 (1965年) 12月，台鐵貨車史上第一輛的專用守車 (英文代號AK) 登場，編號3AK2000型。它全車都當守車使用，而不與蓬車合造。台鐵這批車

3CK918號。洪致文／攝

3CK1522號。洪致文／攝

3AK2029號內外。洪致文／攝

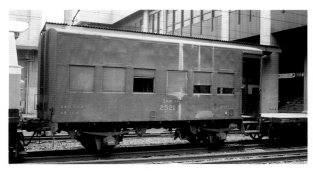

3AK2521號。洪致文／攝

3AK2525號。洪致文／攝

3CK2004號。洪致文／攝

3CK2010號。洪致文／攝

3CK2117號。洪致文／攝

的前10輛係以自籌款購買，2輛完成於1965年12月，8輛完成於1966年1月。另外台鐵又於1968年7月至9月間，以世銀一次貸款增備了同型車40輛，逐漸取代老舊的蓬守車。

民國55年(1966年)，台鐵又以世銀貸款購料，由北廠製造出100輛的3CK1500型蓬守車，於1967年4月21日全部完成。1971年，台鐵又增備3AK2500型專用守車。1979年向唐榮買了3CK2000型蓬守車；1982年4月及6月，則又向唐榮買進一共26輛的3CK2100型蓬守車，活躍於貨物列車之中。

❈ 冷藏車

在台鐵的路線上，您可以看到不少黑色塗裝的貨車在四處奔馳，尤其黑色蓬車更是常見。不過與它完全相反的，有一種貨車的塗裝竟是白色，與黑蓬車掛在一起，彷彿是黑白無常，魂遊四方。

這款一身白衣的貨車，即是現已完全報廢的冷藏車。它的英文名是Refrigerator Car，因此以英文字母R來代表它。台鐵對這型車的定義為：「設有車廂隔熱設備，便於輸送冷凍物、鮮魚、蔬菜……等需保冷貨物之貨車」，因此該型車均塗裝為白色，減少吸熱。

3CK2102號。洪致文／攝

台鐵的保存車10R104號。洪致文／攝

12R508號。洪致文／攝

　　或許您會以為台鐵的冷藏車，應是輛「會走的電冰箱」，所以應有電源供應冷藏冰凍庫的設備才對。其實台鐵的冷藏車沒這麼高級，它是以「裝冰塊」的方式來保持低溫，因此除了車壁的隔熱材質外，實在也不是什麼高科技的火車車種。

　　台鐵的冷藏車，登場於明治43年度（1910年），2輛載重6噸的運輸鮮魚用有蓋車。大正4年（1915年）3月，台鐵增備了8R10型的載重8噸冷藏車。1917年度的統計，台鐵共有載重8噸的冷藏車6輛（因皮重不同而分成兩形式，一為4輛，一為2輛）。筆者推測，造於

　　1910年的2輛冷藏車，可能在大正初年被改造為載重8噸者，而一直活到昭和年代。

　　1915年增備的8R10型其中1輛，一直活到光復接收時依然健在。1961年的統計，更因它的存在，而一直保有8R10型的形式稱呼。

　　昭和元年（1926年）的統計資料，台鐵共有載重8噸的冷藏車15輛，較之前述多了9輛。昭和3年度，台鐵初代的載重10噸10R100型冷藏車登場，首批一共有10輛加入營運。昭和4年，9輛的載重8噸冷藏車，被改造為載重10噸者，使得台鐵10噸級的冷藏車保有數達到19輛。

　　昭和5年，台鐵增備了載重12噸的12R200型冷藏車5輛。因其冰室內的熱絕緣設備特別留意製作，故被稱為「新形冷藏車」。昭和6年，同型車又增備了25輛，是當時台鐵冷藏車的主力。

　　昭和11年（1936年），台鐵又開始增備レヌ300型（光復後的12R300型）冷藏車。昭和11年度購入了10輛，昭和12年度也買了10輛，之後的資料就因進入戰時體制而不明朗。不過，根據台鐵戰後1949年的統計，此型車總數高達54輛，部分還於1981年前後被改造為15C7600型蓬車，而又苟活了一段時間。

　　目前，上述的這些老車，除了一輛10R104號被留置在高雄機廠內之外，已全數消失。高雄機廠內的這輛，造於昭和3年（1928年），長寬高尺寸為7.816×2.646×3.835（單位：公尺），為台灣最後保存下來的冷藏車。

　　此外，台鐵在民國57年還購入了高速化（最高時速75公里）的現代鋼體冷藏車12R500型。不過它現已全被報廢光，而不再四處運行。

　　雖然說，台鐵的白色冷藏車已全退出台灣的鐵道舞台，但就像12R200型、12R300型的冷藏車曾被改造為15C7500、15C7600型蓬車一樣，也有一輛12R500型冷藏車改造的15C7700型活到1995年，但它黑色塗裝的蓬車外觀，大概很少人會記起它身穿白衣的冷藏車時代。

　　如今，台鐵連1968年才造的12R500型高速化冷藏車都已報廢到一輛不剩（最後1輛12R508號1994年5月

23日報廢)，僅留木造車身的10R104號來訴說冷藏車
的歷史，讓人實在是很難只用這輛已與蓬車無異的木
造冷藏車，來向後代子孫說明冷藏車的發展。據說，
標得台鐵最後一批報廢冷藏車的廢鐵商，還曾抱怨它
的隔熱設備太難拆，而不想要它。也許，當時冷藏車
正在做最後的掙扎吧！

❖家畜車・豬車・馬運車

或許您曾在台灣的鐵路上，看過一種密佈橫向欄
杆的有蓋貨車四處奔走，卻不知其用途。甚至，戒嚴
時代會有「敏感人士」以為那是載人的囚犯車而叫小
孩子不要「亂看」。實際上，這種貨車是用來載各種牲
畜的，而且還分成豬車與家畜車兩大類。早年交通不
發達，鄉下養的待宰牲口，便是坐火車到都市再轉送
屠宰場「上西天」的；若沒有了它，這些牲口還不知
要經過多少旅途勞頓才能走完最後一程呢！

家畜車 (英文名Stock Car，英文代號K) 為運送
雞鴨類小動物或較不重通風的牛、羊之貨車，因此橫
向木條欄杆較密；豬車 (Pig Car，英文代號P) 專門
用來載豬，因它們相當怕熱，故橫向鐵欄杆的空隙較
大。

台鐵這些「動物運輸車」的歷史，要從明治43年
度 (1910年) 首先登場的2輛載重7噸「家畜車」說起。
在這2輛車出現之前，台鐵從未有針對動物運輸而特別
設計的貨車。在台鐵1961年的統計中，載重7噸的家畜
車共有7K10型、7K20型及7K30型3種。日據時代昭和
元年 (1926年) 的統計，三形式總共有13輛在籍；光
復後1949年的記錄，則有12輛存在 (昭和2年度報廢1
輛)。

大正8年(1919年)，台鐵增備了載重9噸的チキ50
型 (光復後之9K50型) 家畜車5輛；1923年則又增備了
類似的9K60型，1926年的統計，共有25輛在籍。昭和
3年度 (1928年)，台鐵增備了20輛的10K100型家畜車，
首次將載重提高到10噸。

基本上，台鐵的動物運輸用貨車，一直以來都是
以家畜車為主力。不過，從動物適應環境、可否耐長
途搬運的角度來看，豬與馬可說是最難伺候者。所以，
台鐵在家畜車之外，又造出了「馬運車」與「豚積車」

10K617號。洪致文／攝

原廢棄在高雄港站的10P500型豬車。
1992.8.洪致文／攝

原為10P300型豬車的10ES367號。洪致文／攝

10K549號。洪致文／攝

由10K500型改造為10ES500型的各種不同面貌宿營車。洪致文／攝

來搭載它們。

馬運車於1912年登場，載重4噸，一共只有2輛，形狀與日本類似，昭和10年度（1935年）報廢。

至於豚積車（豬車），則是為了提供豬一個較通風的車內環境，而特別設計的動物運輸車。並且，因為豬的適應力極差，運送途中如果太「勞累」的話，它們會「死給你看」，所以豬車通常還附有一小間供押運人員乘坐的小隔間，以好好照顧它們。

昭和11年（1936年）8月，台鐵首度增備了ウシ300型（光復後10P300型）的豬車20輛加入運輸行列。其後又陸續增備，直到戰後1949年的統計，該型車共有84輛在籍。

民國56年，台鐵高雄機廠製造了兩款高速化（可耐時速75公里行駛）的豬車與家畜車，分別是10P500型與10K500型。這兩種貨車，是台鐵最後用來搭載牲口的火車，後來因為載豬的機會減少，所以還把這批豬車的一部分改造為10K600型的家畜車。

豬車的下場不是很樂觀，原本高雄港站廢棄有一堆，但現在都已解體。

至於家畜車也沒好到那裏，它後來幾乎已不載動物，筆者反而在板橋看過它搭載公賣局的酒。1993年台鐵的統計稱尚有5輛，不過恐怕現早已全被報廢。

然而值得慶幸的是：台鐵不少的工程宿營車，乃豬車與家畜車改造（從載牲口變為給員工住？），意外地保存了「鐵道文化財」。像是僅存兩輛的1936年、1942年造10ES300型宿營車，車高極低，為300型豬車改造而來。數量有21輛之多的10ES500型宿營車，是由500型家畜車「變身」而得，真是令人難以想像。

這群宿營車有的用來存放工具，但更多是拿來住人，還有改造成餐車的呢！或許除了眼尖的鐵道迷能算計出它的過去，恐怕連住於其上的台鐵員工都還搞不清楚自己住的火車以前的用途是什麼。從這個例子也能看出，台灣不少珍貴火車能幸運保存下來，都還要拜這些旁門左道的廢物利用所賜呀！

◈通風車

在台鐵數量頗多的各式有蓋貨車當中，通風車可算是少見的「異類」。不只二次大戰前的日據時代沒有

過此種名稱的貨車,即使光復後也要到1970年才首度購進這款車,而且至今僅此一型,別無他種呢!

台鐵通風車的英文代號,以英文名Ventilator Car中的V字來表示。其特徵為:車廂四壁設適當通風孔,車頂並裝通風器,以適用於蔬菜青果之運輸。

台鐵唯一的一款通風車,是二軸的15V2000型。台鐵一共曾有日本汽車會社製造的此型車50輛。它們於1970年出廠,皮重10.4噸,載重15噸,車頂裝有6個通風器,車側連車門亦都有通風孔,最高車速可以到時速65公里,曾是早年鄉下青菜蔬果運往城市販賣的主力,不過今天隨者台鐵貨運業務的萎縮,這些需趕時效的新鮮果菜,便都改以公路來運,通風車自然不再風光了。

現在台鐵的通風車,不少的通風孔都已被封死,通風的效果已大不如前;而台鐵,也乾脆視同一般蓬車來運用它,使得這型貨車只徒留其名而不再有「特殊功能」。

雖然說,通風車已「名存實亡」,不過有些此型車車身的端面上,還殘存著「汽車製造會社」的原廠英文銘板,亦是它珍貴的原因。因為,日本的汽車會社如今雖已遭併購而不在,但早年卻和台鐵有非常密切的關係,台鐵很多蒸汽火車的維修零件,甚至原始製造廠便即是它。可是大多數的製造銘板,都被台鐵以「愛用國貨」的理由給拆除,通風車原始銘板的存在,或許是它用英文書寫日語拼音的因素吧?

◈鐵蓬車

台鐵的二軸蓬車雖然數量極多,不過有些由其衍生而出的有蓋貨車,亦是怪得可以。車底、車側都有通風設備的通風車已很少見了,不過它購入的總數還有50輛,用心點找還是很輕易可見;但是全車是鋼鐵打造的鐵蓬車,歷史上只出現過10輛,便真是不常現身的稀有火車了。

鐵蓬車的英文名是All Steel Covered Car,因此台鐵以S的英文字母來代表它。其特徵是全車為鋼製,大多用來載運生石灰;內部無木質襯墊,較不通風,所以不能搭載畏熱或水濕之貨物。

大正元年(1912年)12月,台鐵首次有了這種鐵蓬車,當時稱做「鐵製有蓋車」,光復後其形式編號為10S10型,一共有5輛。它的皮重為7.56噸,一直活到了民國50年仍健在,至於何時報廢就還尚待查證。

15V2023號。洪致文╱攝

15S101號。洪致文╱攝

　　民國57年，台鐵在第一代鐵蓬車用了超過半世紀之後，又購買了5輛的15S100型新式鐵蓬車，編號為15S101～105號。它的最高車速為時速65公里，外觀與蓬車極為類似，車門有Y字形鋼條，類似15C7000型蓬車。

◈ 輕便鐵道的有蓋貨車

　　在日據時代的台灣，糖業鐵路是輕便鐵道中的最大戶。除了甘蔗原料、相關的產品運輸外，糖鐵亦是地方上物資輸送相當重要的交通工具，因此有蓋貨車的形態、數量，並不會輸給台鐵。

　　若我們從當時鐵道部的統計資料來看，糖鐵所保有的有蓋貨車種類有：貨車(蓬車)、有蓋緩急車、家畜車、糖蜜車、水槽車…等車種。

　　台糖光復後使用車輛的編號規則中，貨車係以6位數字來表示。守車的編號，000001～000999號為附手軔機守車，001001號以上則為普通守車。其餘的貨車編號，第1位數字則表載重噸數，第2位數是1的表蓬車，是6的表糖蜜車，是7的表酒精車，是8的表水櫃車。

　　蓬車方面，後4位數從0001～0999號者為附手軔機蓬車，1001號以上的則為普通蓬車。如果您看見一輛貨車的編號是510004，那它代表的即是載重5噸附手軔機的流水號4號蓬車。

　　民國80年（1991年）台糖的統計，全台糖所保有的在籍蓬車載重5噸者有212輛，7.5噸者有101輛，15噸者有20輛(全屬蒜頭糖廠)。另外，還有1067公厘軌距使用的蓬車36輛(係極為珍貴的原台鐵舊式蓬車)，在花蓮、台東糖廠使用。現存軌距762mm的蓬車，幾乎全是鐵皮外殼所做成，以運送成品為主。一些木造的蓬車，僅殘存於各糖廠的角落中。

　　至於其他的輕便鐵道，窄軌台東線曾有蓬車（LCC）、蓬守車（LCCB）、豬車（LPG）、水罐車（LWT）、非常車（LRK）與油罐車（LL）。台中輕鐵豐原、土牛段，有有蓋貨車與有蓋緩急車。而阿里山森林鐵路，則有蓬甲車、守甲車、油罐車、水櫃車屬於有蓋貨車的範疇。

◈ 台鐵有蓋貨車之未來展望

　　在1996年的今天探討台鐵有蓋貨車的未來展望，有些車輛，諸如：冷藏車、家畜車、豬車……，都早已形式消滅而不必考慮。

　　基本上，淘汰二軸貨車是台鐵的一個大方針。因

高雄機廠修理中的15S100型。洪致文／攝

載重8噸的蓬車。洪致文／攝

台糖載重5噸木造蓬車。洪致文／攝

木造守車。洪致文／攝

此如今大多拿來當蓬車使用的鐵蓬車、通風車亦將小命不保。另外，全開式蓬車的車體因係波浪狀，高廠認為維修不易，可能會提早將它們報廢。25C10000型的代用行李車，則因有不少造於戰前，車齡係轉向架式蓬車最大者，故也在廢車之列。

由於台鐵的貨運除非不辦，否則仍需蓬車來載貨，所以台鐵還可能繼續增備轉向架式蓬車。至於特殊車輛的「保存」方面，非常車、救援車或稱工程宿營車…，這類改造貨車，仍將繼續「意外保存」一些珍貴車輛，為苦命的台鐵貨車延續一絲香火。

台灣的無蓋貨車

❖台鐵無蓋貨車的分類

在鐵路貨車的發展歷史上，無蓋貨車亦是相當古老的一種貨車。尤其在鐵道建設時期，拿它來載運土石更是常有的事。1895年日本領有台灣之時的調查，台灣鐵路一共有蒸汽機車8輛、客車20輛、有蓋貨車4輛、無蓋貨車22輛。無蓋貨車在當時，可說是數量最多的一款火車。

台鐵無蓋貨車的種類，可分為「無蓋貨運車」（卜，今天的敞車，英文代號G）、「無蓋附軼車」（後來演變為今天的敞守車，英文代號GK）、「長物車」（十，今天的平車，英文代號F）、「材運車」（後來併入平車項下）、「大物車」（才，英文代號D）、「土運車」…。

❖台鐵黎明期的無蓋貨車

在台鐵的草創時期，無蓋貨車是所有貨車當中，最早使用轉向架式者。明治32年（1899年）度的統計，台鐵有載重7噸的無蓋貨運車40輛、載重8噸轉向架式無蓋貨運車6輛、材運車3輛、土運車39輛。一直到1908年縱貫線全通之前，台鐵無蓋貨車的增備，一向以今天所稱的敞車與土運車為主。工程用土石的運輸，是當時的首要任務。

明治41年（1908年）台鐵向南滿洲鐵道株式會社購進了100輛的無蓋貨車，同時又向日本的大阪汽車製造合資會社買了50輛的同類車，另外又由台北鐵道工場自製了50輛，無蓋貨車的總數暴增。

❖台鐵敞車之發展

台鐵的敞車，早年曾稱做「無蓋貨車」、「無蓋貨運車」、「無蓋貨物車」，其原因乃無蓋貨車的演進，實由今天所稱的敞車開始發展，所以當無蓋車的種類一多後，便出現了一些名詞上的困擾。筆者在此稱台鐵的這些車，均以光復後用的敞車來表示，以免混淆。

攝於日據初年的台北車站附近，可見其上的無蓋貨車。

1935年地震後山線復建工程時所攝的相片，可見當時的平車。

蒸汽車後第一節為無蓋貨運車，第二、三節以其所載貨物來看，應是材運車。

依照台鐵所編「中國鐵路創建百年史」一書的記錄：1897年首度新造9G400型敞車，1899年亦由北廠新造10G10型敞車…。不過經查證日據時代所出版的「台灣鐵道史」，這些年度根本從未見到有這些車。因此，光復後以9G400型與10G10型形式存在的這兩種敞車，當年是何種樣貌就仍待查證了。

光復後1961年的台鐵記錄，載重15噸以下的敞車種類極多，10型、100型與400型均有載重9噸與10噸兩種。此外，還有10G900型、10G950型、10G1000型、14G4000型、14G4200型與14G4300型。

大正9年（1920年），台鐵增備了トタ5000型的敞車，此型光復後稱15G5000型，是首度採用中間雙開式鐵門的敞車（其餘側板亦是木造），二軸敞車載重15噸的基本規格，由它的問世而獲得確立。

這些載重15噸的敞車逐年都有增備，在1941年15G7000型登場之前，還有也是二軸的15G6000型問世。15G7000型是台鐵首批的二軸鋼體敞車，光復後1949年的統計一共有78輛健在。

台鐵在日據中期的敞車陣容，以二軸車為最大宗，老的轉向架式敞車極少。昭和12年度（1937年），台鐵進口了日本製的トル10000型20輛，它們為鋼製車身的轉向架式敞車，其後又陸續增購，光復後1949年的調查，一共存在243輛，稱為25C10000型。直到台鐵1993年的統計，都還有4輛存活。

15G6148號。石川一造／攝

15G16124號。石川一造／攝

25G10001號。石川一造／攝

25G10097號。森崇／攝

側板拆除的25G10000型。洪致文／攝

這批鋼製車身的敞車，說明了台鐵無蓋貨車的演進程度；不過二次大戰開打之後，鋼材短缺，台鐵又回頭去增備木造的敞車。二軸的15G16000型與轉向架式的35G5000型，即是戰時體制下的產物。

光復後，1957至1966年間，台鐵購入了數量極多的二軸15G8000型敞車，其中至少有200輛在1980年代，被改為全落式側板，車號上加註一個A來區分。1958～1961年間亦買進了35G6000型的轉向架式敞車。1969年，台鐵以二次世銀貸款，向日本若松車輛買進了145輛的35G20000型轉向架式敞車，其轉向架係台鐵貨車首次採用RCT滾筒軸承的先驅，具有劃時代的意義。1970年，台鐵以世銀二次貸款，從日本整

車進口50輛為配合散裝鹽運而購買的15G2000型二軸敞車。1971年，台鐵又增備了36G21000型敞車，不過它們相當可憐，1973年5月起就有部分被拆除側板，改成可載貨櫃的代用平車。後來，36G21000型敞車更形式消滅，全變成36GF21000型的代用平車。

台鐵近幾年的敞車發展狀況大致如上所述，不過台鐵除了以上這些木造或鋼製的敞車外，還出現過15G7500型的試造鋁皮敞車；東線拓寬後，原1973年6月韓國機械工業株式會社所造的30輛LOC7800型窄軌敞車，亦改造為25G11000型繼續使用，算是較怪的兩款車。

15G8824號。洪致文／攝

搭載軍品的35G20088號。洪致文／攝

側板改為全落式的15G8196A號。洪致文／攝

15G2013號。洪致文／攝

35G6058號。洪致文／攝

25G11001號。洪致文／攝

❖台鐵敞守車

　　台鐵的敞守車，可以說是從無蓋緩急車演進而來的。不過現在仍看得到的10GK8000型，中間凸出的車長室實在有夠小，給車長的乘務環境相當差，難怪少有敞守車有車長在內執勤。

　　依照台鐵出版的「中國鐵路創建百年史」的記錄，1922年由北廠首度製造了7GK10型的敞守車，那大概就是當時所謂的「手用制動機附無蓋緩急車」吧！1939年，台鐵又登場了10GK1000型的敞守車10輛，這都是台鐵方面的記錄。

　　1961年時台鐵貨車的在籍記錄中，還有21GK10000型的敞守車。此型車應與25G10000型敞車有關，可能還是由它改造而來。不過這款車在1969年

時被改回25G10000型，而未留存。

　　現今台鐵線上仍在行駛的敞守車10GK8000型，則是1976～1977年間，拿15G8000型敞車去改造而得的。當時共改了26輛，恐係為了應付守車不足的權宜措施。

　　台鐵現存的敞守車外形並不太古老，但台糖虎尾糖廠軌距1067公厘的敞守車則較有古風。虎尾糖廠的這2輛敞守車，全台糖就僅此2輛，一般會跟著虎尾至斗南與台鐵聯運的貨物列車一同出來，然後就又躲回糖廠去，亦屬糖鐵的怪車之一。

❖台鐵平車

　　台鐵的平車，日據時代多以材運車或長物車的名稱問世。由於它在工程上有特殊用途，例如：做為吊

台鐵西線早期的敞守車，應與東線這般的外形類似。
森崇／攝

10GK8002號。洪致文／攝

10GK8016號。洪致文／攝

虎尾糖廠頗有古風的敞守車。洪致文／攝

原陸軍運輸兵學校內的老平車。洪致文／攝

車放置吊臂之用，所以很幸運地有不少被保存下來，只不過轉向架有些已被換掉而原貌不存。

台鐵現今仍在的平車，全為轉向架式貨車。造於大正元年（1912年）的15F10型（原來為16F10型），現存改為工程用車的15EF19號1輛，類似的同型車還有1輛停放於土城的原陸軍運輸兵學校內。15F30型製造年不明，台鐵已無在籍車。15F50型（原16F50型），現存1輛15F94號，造於1917年3月，目前改造為3EW101號礙子噴洗車。15F120型現存2輛，係造於昭和初期，15F123號改為3EW102號，15F140號被改成3EW103號。這3輛3EW100型的電氣化架線礙子噴洗車，全在1979年電氣化完成初期改造登場。

昭和10年（1935年），台鐵又增備了15F200型。該型現存1輛15 EF216號，使用在花蓮的50噸救險吊車列車之中。

1936～1942年，台鐵向日本的川崎、日立，買進了20F300型平車，當時編號ナマ300型，第一批共買了50輛。1942～1943年間，台鐵又向日本的田中車輛購進了35F5000型，這些車其中有8輛，於1978年被改為35F6500型。

戰後的台鐵，1962～1963年首度增備了裝設三軸轉向架的50F100型大型平車，可做為裝載坦克之類履帶車用，其中的50F101～50F110號為日本飯野重工製造，轉向架上還有日本國鐵JNR的標記（50F111～50F125號為北廠製造）。1968年以世銀一次貸款，向台機購進了110輛35F6000型平車；1974～1975年

原15F19號的15EF19號。洪致文／攝

這輛3EW101號的平台，是原15F94號所有。
洪致文／攝

這輛3EW102號的平台，是原15F123號所有。
洪致文／攝

20F351號。洪致文／攝

原15F216號的15EF216號。洪致文／攝

搭載台鐵制式載重3噸貨櫃的20F357號。
石川一造／攝

50F121號。洪致文／攝

台鐵載重3噸貨櫃。洪致文／攝

35F20117號。洪致文／攝

35F20031號。洪致文／攝

搭載各種物品的35F6000型。洪致文／攝

36GF21079號。洪致文／攝

50F226號。洪致文／攝

35GF6086號。洪致文／攝

間又向唐榮買了35F20000型平車；1978～1979年間則又增備了第二批的三軸轉向架平車50F200型，由台機生產。

以上介紹的這些平車，除了較古老、現在被當做工程用車的幾輛來歷較不明外，昭和年代後增備的平車，登場時便已是做為平車在使用，不像台鐵一些代用平車，是拆除蓬車、敞車側板而成。

台鐵的代用平車，英文代號的第一個字母是指原有車種，第二個字母才用平車的F。因此，由蓬車改來的代用平車有14CF4000型、14CF4050型、15CF5000型、15CF6000型、15CF16000型；由敞車改來的有14GF4000型、15GF5000型、15GF6000型、25GF10000型、35GF5000型、35GF6000型、36GF21000型……，車籍相當地亂。

❖台鐵石碴車

台鐵於1962年時，在美籍顧問的指導下，由北廠製作了30輛的35B100型石碴車。這種車相對於石斗車與敞車，可說是比較難修，所以台鐵就不太想用這款貨車，而要早早將它們報廢。1993年時台鐵只剩下5輛，1996年時已車籍消失、形式消滅。

滿載煤炭的35B124號。洪致文／攝

捷運淡水線的石碴車。洪致文／攝

35B126號。洪致文／攝

日據時代嘉南大圳工程用的石碴車。

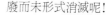
◈台鐵大物車

台鐵的大物車，可說是無蓋貨車當中，最最特殊與神奇的貨車。它們為了能夠載運特大的貨物，因此車身中段下凹，形成有趣的外貌。

昭和3年度（1928年），台鐵的北廠首度自造了30D10型的大物車2輛，1937年時又增備了同型車1輛，編號30D11～30D13號。1942～1943年間，台鐵又向日本田中車輛買進了3輛的30D40型大物車，編號為30D41～30D43號。這6輛車光復接收時全部都健在，甚至直到1993年的台鐵統計，還只有30D12號1輛被報

廢而未形式消滅呢！

這幾輛大物車均裝設2個二軸轉向架，其實還稱不上「大」物車。台鐵最大的貨車，應屬1942年1月向台灣鐵工所所買入的50D10型，50D11號的8軸大物車。

這輛全長超過20公尺，先由兩個TR—76型轉向架組成30D111號與30D112號平車，然後再加上一個凹形大框架的大車，其實很少會出動。這麼多年來，真正派上用場的次數據說數都數得出來。過去它都放在七堵調車場內，所以很少被人在路線上看到。由於它的造形奇特，因此相當值得保存。

30D41號。洪致文／攝

30D43號。洪致文／攝

俯視30D41號。洪致文／攝

50D11號全景。洪致文／攝

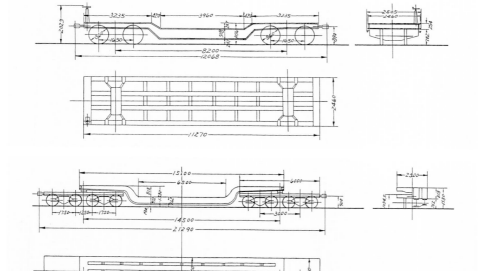

30D10型形式圖。
（台鐵／提供）

50D10型形式圖。
（台鐵／提供）

30D111號。洪致文／攝

30D112號。洪致文／攝

50D11號中間的凹形架。洪致文／攝

❖台灣輕便鐵道的無蓋貨車

在台灣的各種輕便鐵道當中，無蓋貨車似乎是產業運輸不可少的一種工具。礦鐵的礦車、鹽鐵的運鹽車、森林鐵路的運材車、製糖會社的甘蔗車…，都是物產運輸的主力。

日據時代各製糖會社所有的無蓋貨車，種類有：無蓋貨車、無蓋材運車、石炭車、砂粒運搬車、木材運搬車、甘蔗運搬車、無蓋緩急車、無蓋機械運搬車……。

依照台糖光復後的車輛編號規則來看，6位數中從左邊數來第1位是噸數，第2位是2的表「平車」（後4位數0001～0999號表手軔平車；1001～9999號表普通平車），是3的表「甘蔗車」，是4的表「敞車」（後4位0001～0499表手軔低邊車；0501～0999表普通低邊車；1001～1499表手軔高邊車；1501～9999號表普通高邊車），是5的表「長物車」。因此，如果您見到1輛編號532222號的無蓋貨車，那它代表的即是載重5噸的甘蔗車第2222號。

在台糖民國80年（1991年）的統計當中，甘蔗車一共有13000多輛，總數最多；低邊敞車、高欄車…也有不少。至於全台糖僅1輛的怪車，則是廢棄在南靖糖廠，編號100001號的「無蓋機械運搬車」。

台糖的各式無蓋貨車（除了540534號敞車外，未依光復後的舊編號規則編號）。洪致文／攝

100001號「無蓋機械運搬車」。洪致文／攝

阿里山林鐵的「砂石車」。洪致文／攝

　　這輛可載重30噸的台糖大物車，平面面積相當大，履式車輛也可開上去，係用來搭載甘蔗區會用到的機械。它為轉向架式設計，車側留有一塊寫著「昭和12年‧嘉義‧中村鐵工所製造」的銘板，為台糖很珍貴的骨董貨車。

　　事實上，台灣的輕便鐵道中，並非只有糖鐵有過此種「大車」，窄軌台東線在當年，亦有LDF9900型的大物車存在。該鐵道的無蓋貨車陣容，還有敞車、敞守車、平車與代用平車。

　　至於森林鐵道，運材車自然是少不了的。許多運材車的運材方式，都是把大樹幹當車身，兩邊各裝一台二軸車，自然形成一組轉向架式貨車。如果樹幹過小，也會直接以一節轉向架式運材車來運。反正運法很多種，只要小心路線曲率與淨空，大概就沒什麼大問題。如今，阿里山林鐵仍在運行的貨車，就只剩下類似敞車的「砂石車」，做為養路工程之用。至於運材車，則早已功成身退了。

台灣的罐車

❖ 光復前的台鐵罐車

在早期的貨車分類法中，罐車是屬於有蓋車的一族。因為，當其所載的液體倒入罐體後，並不與外界空氣接觸，所以當時便以有蓋貨車視之。不過，罐車的發展，以今天的眼光來看，無論形態或構造上，都與印象中的有蓋車（蓬車之類的貨車）不同，因此筆者特地將罐車獨立出來介紹。

根據台鐵的記錄，台灣最早的罐車，係造於明治30年（1897年）的私有貨車，光復後稱為P10L20型的油罐車。這型油罐車，並非明治35年度至明治37年度（1902～1904年）間短暫出現的「油車」。當時統計資料上出現的油車，係拿來載裝燈油之類液體的石油罐。其為了防水，車身係以鐵製，有些類似今天的鐵蓬車；不過車頂構造可能有些是木製，外形與蓬車極像，台灣鐵道歷史上僅出現過「油車」1輛。P10L20型油罐車明治年間的資料不明，大正年代則可確定係屬ライジングサン（Rising Sun）石油株式會社所有，大約在大正13～14年度（1924～1925年）時入籍鐵道部，成為台鐵貨車的一員。它們一共有6輛，光復時並無它的接收記錄，搞不好又被賣回給工廠，而恢復私有貨車的身份。

從上述這型車的身份轉變，很容易可以發現：油罐車的存在與私有自備貨車的關係極為密切，尤其石油會社及製糖會社更是關係斐淺。

大正14年（1925年），載重20噸的三軸油罐車入籍台鐵（原屬日本石油輸送會社）。昭和元年（1926年度），原屬日本石油輸送會社的載重7噸二軸油罐車入籍台鐵，同時亦增備了同型車1輛。這一年，鐵道部年報上的統計，一共有載重10噸油槽車6輛、7噸3輛及20噸8輛。

罐車圓滾滾的車身，是各種貨車當中極為特殊的一類。洪致文／攝

　　昭和2年（1927年），光復後稱P20L50型的12輛原私有油罐車入籍台鐵。在台鐵民國50年的記錄中，確實存在20L50型的局有貨車。可見這批曾是私有的自備貨車，有些在後來還是一直歸屬台鐵旗下。而且它們不只1927年度入籍一批而已，有些戰後的殘存車，製造年都要晚於此。

　　目前考證出的製造記錄，20L85～20L87號係造於1927年，20L88～20L90則造於1932年，全是基隆船渠會社的製品。這其中的20L89號，很意外地直到1996年還殘存在高雄機廠的角落，是戰前所造的三軸貨車中，唯一存世者。

　　昭和12年（1937年），ユマ300型（光復後台鐵所稱的P20L300型）首度入籍台鐵，光復後的台鐵也曾有20L300型的存在記錄。不過最後一批被解體而消失的P20L300型，是台糖公司所有的一群。它們直到1993年夏季，都還被丟棄於新營糖廠之外，而未被解體。

　　上述介紹的，是台鐵戰前的一些油罐車，至於糖蜜罐車與汽油罐車方面，昭和13年度（1938年）首度出現了載重20噸的4輛，1939年度的統計則又增為5輛；而汽油罐車，則是在1938年度，首次有8輛載重19噸者入籍，1939年度的統計除了這8輛車，另外還有載重18噸者3輛，20噸者3輛。

◈光復後的台鐵油罐車

　　在台鐵1961年時的記錄中，屬於局有貨車的油罐車共有18L100型、20L50型、20L300型與20L750型四種形式。這其中的20L50型與20L300型，極可能就如同上述的，是由私有自備貨車買收而得，與P20L50型及P20L300型應該相同。18L100型則有可能買收於戰時。20L50型與18L100型均為三軸車，而20L300型則為轉向架式車。

　　至於20L750型三軸油罐車，前4輛係於1959年5月北廠新造，專供運輸柴油（柴電機車所需）用。直到

台鐵的二軸罐車早已絕滅，但日本的二軸罐車到1990年代中期還活躍著。洪致文／攝

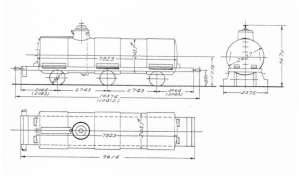

20L50型形式圖。（台鐵／提供）

廢棄在高雄機廠的20L89號。洪致文／攝

20L751號。洪致文／攝

1961年,台鐵至少還添購了3輛的同型車。因為,被停放於新竹機務段做為油槽使用的2輛該型車,分別是20L751號與20L757號,證明該型車至少編號至757號。

民國55年(1966年)時,台鐵增備了30L850型油罐車10輛;民國59年(1970年),又以世銀二次與三次貸款,各買了5輛的30L20000型油罐車。這一共10輛,由日本舞鶴重工所製造的油罐車,於該年6月下旬運到,7月9日加入營運。

1990年時,台鐵又向力霸購買了2輛造於1976年5月的油罐車,編入車籍27L1000型。這2輛車的編號極怪,編成27L1041號與27L1042號,原因係屬力霸的私有貨車時代,型式為P30L1040型,編入台鐵車籍後隨即延用車號而未改。

❖ 中油的罐車

台灣鐵路上奔馳的罐車,早期不是屬石油會社就是糖業會社所有。這些貨車若能夠入籍台鐵,那麼台鐵才可能獲得較完整的資料,否則就只有從中油側找起。

台灣在日本發動對華戰爭之後,汽油與酒精的運輸相當地重要,各類罐車的大量增備可以想見。當時的台灣,出現了三軸的油罐車。據台鐵車輛史專家童振疆表示:三軸車的製作較轉向架式車要容易,載重又幾乎可達到轉向架式車的水準,所以日本內地在戰時也急造了不少的三軸貨車。這種於今看來相當怪異的貨車,亦可說是拜戰爭所賜才大量出現。

根據一份1967年9月的統計資料顯示:中油當時的自備貨車,有汽油罐車(GT)與油罐車(L)兩種,行走裝置方面有二軸、三軸與轉向架式三種,總數超過130輛。

若我們先捨去貨車編號前的噸數與車種(中油的罐車,即使同一車型,當GT或當L用時,載重噸數會不同),純以車號來看這些車,則可發現:

30L854號。洪致文／攝

30L20007號。洪致文／攝

20L757號。洪致文／攝

1977年時由中油自己的蒸汽車牽引的各式罐車(蒸汽車後第二輛是三軸罐車)。古仁榮／攝

P50L103號。洪致文／攝

P30GT808號。洪致文／攝

P30GT763號。洪致文／攝

P30TT1008號。洪致文／攝

P30GT789號。洪致文／攝

P30GT1107號。洪致文／攝

- 編號10～49　有 P7L12～15、P7L21、P7L22、P7L31，P10GT41～43，P11GT31 與 P11GT33號 12輛，均為二軸罐車；載重7噸的幾輛，應屬相當古老的車輛。

- 編號50～99　有 P20L54、P20L60～61、P20L63號 4輛，全為三軸車，推測應與台鐵的20L50型相同。

- 編號100～199　有 P20GT111～113、P19GT151～153、P19GT161～162、P20GT163～165號，全為三軸車。

- 編號200～299　有 20GT202、20GT204～205、P20L251～254號，為轉向架式罐車。

- 編號300～399　有 P20L341～342、P19GT351號，

轉向架車。

- 編號400～499　有 P22L401～403號，轉向架車。

- 編號500～599　有 P18L501～544號，係1953～1954 年由台鐵台北機廠所製作的三軸油罐車。1953年完成的12輛，據說是使用日據時所留下的油罐廢物利用作成的。

- 編號600～699　有 P10L651～667號，一共17輛的二軸油罐車。

- 編號700～799　有 P30GT761～772、P30GT781～796號，一共28輛的轉向架式汽油罐車。

　　上述這些中油的自備貨車，係1967年時的在籍統計。從它的編號，可以發現空號頗多，而且形式稱呼應會極亂。其原因很簡單，因為英文代號掛「L」的油

P30TT1107號。洪致文／攝

窄軌台東線的中油私有罐車。森崇／攝

P10L78號。洪致文／攝

P10L79號。洪致文／攝

罐車，有可能會與台糖的罐車（酒精罐車）重號，所以必需跳來跳去編碼；而接收自日據時的貨車，更可能因戰爭轟炸被毀而嚴重跳號，以致出現這般的情況。

中油的二軸油罐車於今早已全滅，三軸油罐車P18L500型也在1986年全部報廢。1995年時，現役車有P30GT760型、P30GT780型、P30GT800型、P30GT1000型及裝三軸轉向架的超大型P50L100型油罐車。另外，中油後來又多了甲苯罐車（TT）P30TT1000型及P30TT1100型。

❖台糖的罐車

台糖的罐車，一般來說只有二種用途，糖蜜罐車（MT）用來裝糖蜜，罐車（L）則拿來做酒精運輸車。在戰爭期間，物資嚴重缺乏，製糖的相關產品—酒精，便被拿來代替汽油使用。酒精的運輸，逐成為糖業會社相當重要的事。

同樣1967年的統計，台糖亦有二軸、三軸及轉向架式的各種罐車一共115輛。屬於二軸車的有P10MT20型的P10MT21～26號、P10MT50型的P10MT51～57號及P10MT59號、P10L50型的P10L58號與P10L60號、P10L70型的P10L71～80號、P12MT30型的P12MT31～33號；屬於三軸車的有P20MT50型的P20MT51～54號；轉向架式罐車則有P20L300型P20L301～322號的22輛，及光復後由日本進口買入的P20MT100型P20MT101～160號60輛。

台糖的這些酒精運輸車（L）與糖蜜車（MT），已漸漸退出台灣鐵路的舞台。直到1993年夏季都還棄置在新營糖廠之外的一批P10L70型酒精運輸車，是台灣最後一批被解體的二軸罐車，同時「陪葬」的，還

P20L321號。洪致文／攝

P20MT50型。洪致文／攝

有轉向架式的P20L300型。1995年的製糖期，台糖1067公匣軌距的罐車，僅剩P20MT100型的最後8輛。曾是台灣兩大私有罐車車主的台糖，退出台鐵路線舞台已是指日可待之事了。

不過，台糖自己所有的762公匣軌距輕便鐵道，所屬之糖蜜車恐怕不會太早消失。

依照台糖的貨車編號規則，一共使用6位數來表示貨車的號碼。左邊數來第一位表噸數，第二位是6的為糖蜜車，是7的為酒精車。民國80年（1991年）的統計，全台糖有載重15噸酒精車5輛，糖蜜車載重5噸的55輛，10噸的33輛，12噸的12輛，15噸的8輛，有二軸車，亦有轉向架式車。

❖台灣各廠商的私有自備罐車

在台灣早年的鐵道歷史中，石油會社與製糖會社為罐車的兩大所有者；但光復後各項工業逐漸發達，伴隨著專用側線的一一興建，各式化學罐車開始出現在台灣鐵路之上。

從過去到現在的記錄中，有液氨罐車（AT）的公司有台肥、東南碱業、高雄硫酸錏、中國石油化學開發公司…；有液碱罐車（CT）的公司有台灣碱業、中

P20MT100型。洪致文／攝

啟翔的P28PTI103號柏油罐車。洪致文／攝

啟翔租台鐵代用平車當柏油罐車的35GF5049號。
洪致文／攝

國人造纖維、台塑…；有二氯乙烷罐車（ET）的公司
有：台氯；有汽油罐車（GT）的單位有：空軍、陸軍、
中油…；有油罐車或酒精罐車（L）的單位有：中油、
台糖、中興紙業、公賣局、種德實業、華隆、東南鹼
業、大成長城、力霸、台泥（P30L2000型）…；有丙
烯腈罐車（NT）的公司有：東華合纖……；有柏油罐
車（PT）的有鴻運、啟翔…；有甲苯罐車（TT）的
公司有：中油…；有氯乙烯罐車（VT）的公司有：台
氯…、華夏海灣、大洋塑膠…；有硝酸罐車（YT）的
有：台肥…；有苯罐車（ZT）的公司有：中國石油化
學開發公司…；有糖蜜罐車（MT）的公司有：台糖、
中國味精…；有鹽酸罐車（HT）的公司有：台鹼…；
有硫酸罐車（ST）的公司有：高雄硫酸錏、台肥…；
以及最奇特，1986年才登場，由幸福水泥自行改造的
散裝水泥罐車（P30CHT100型）。

　　基本上，台鐵線上跑的這些私有自備罐車，車籍
可說相當地亂。它們有些會互相賣來賣去，甚至賣給
台鐵而編入車籍，有些還是日本進口的二手貨車呢！
另外，也曾有廠商向台鐵租代用平車，然後自己去找
罐子裝上使用，也是另種形態的罐車。

台泥P30L2000型廢罐體。洪致文／攝

中石化的P20ATI013號。洪致文／攝

台肥的P20AT825號。洪致文／攝

公賣局的P30LI063號。洪致文／攝

幸福水泥的P30CHTI10號。洪致文／攝

台肥的P30ST752號。洪致文／攝

台化租台鐵敞車來自行加罐體使用的35G6019號。
森崇／攝

台肥的P35YT1002號。洪致文／攝

日本進口之中古車P30VT401號。洪致文／攝

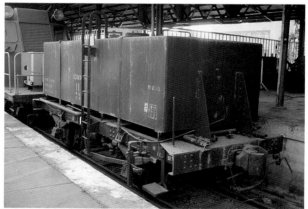

10EW11號。洪致文／攝

車架上留有「車籍‧日本國有鐵道」殘跡的日本進
口中古車P25VT305號。洪致文／攝

CT170號蒸汽車煤水車改造的12EWK104號。
洪致文／攝

25EWK202號。洪致文／攝

25EW203號。洪致文／攝

◈水櫃車‧水罐車

如您在台鐵貨車的車身英文編號上看到W字，那麼即可知道這輛車一定和「水」有關。早年蒸汽火車時代，載水的水櫃車有其存在的價值，因此光復時的統計，台鐵便有水櫃車存在的記錄。而且，一共還存有四款的水櫃車14輛。但今天除了彰化蒸汽吊車車身後的煤水車還有其「傳統功能」外，其餘掛W字母的貨車，就都與工程用清洗電線礙子有關，而與早年的送水功能不同。

台鐵的帳上3EW100型的「噴水車」共有3輛，車上並無水櫃，外型是平車上搭一凸起小屋，附有噴水設備。3EW101號是由15F94號平車改來，3EW102號是由15F123號平車改造，3EW103號則是拿15F140號來改，均係1979年電氣化完工後登場的改造車。

民國70年代初，跟著它出巡的水櫃車，是種很奇怪的火車。它的編號為12EWK100型，一共有4輛，塗裝是灰白色。它們是利用CT150型蒸汽火車的三軸煤水車於1980年8月改造而得。12EWK101號的前身屬CT156號蒸汽火車，12EWK102號屬CT162號，12EWK103號屬CT163號，12EWK104號則屬CT170號。如今，它們已在高雄機廠被解體而消失。

此外，台鐵現存還有4輛有車籍編號的水櫃車存世（蒸汽吊車後的煤水車無單獨編號）。1輛是已有60年以上歷史的老骨董，而3輛是未滿30歲的年輕小伙子。

跟在3EW102號車後的水櫃車，是編號10EW11號，昭和6年（1931年）高雄機廠自造，原稱10W10型的老貨車。許多其車上用的老式零件，現代的貨車都已很難看見。當年的鐵道部年報記載，一共增備了2輛。

另外，台鐵還有利用35F6000型平車加裝水罐，並附設守車室而成的改造車25EWK200型25EWK201與25EWK202號。其平車的出廠年代為1968年，根本沒有幾歲，更不用說其被改造為水櫃車（或許該稱做「水罐車」）會有幾年了。它們在台鐵的車籍中，另有一輛25EW200型，編號25EW203號的水櫃車，它與25EWK200型類似，但沒有加蓋守車，所以英文代號少了個K。

總體來看，蒸汽火車停用之後，水櫃車便沒了生存的空間，不過好在台鐵有要清洗電車線礙子的工作要做，因此留下了少數的水櫃車及噴水車供其運用。這車號中有Water簡稱W的各式「水車」，也才能名正言順活到今天，否則早被解體光了呢！

台鐵斗車

❖台鐵斗車分類

一般來說，台鐵貨車上的英文代號，如果出現英文字母H，那麼代表的即是Hopper Car斗車之意。顧名思義，斗車即是指它車內裝貨的部分，設計成類似漏斗的斜坡狀，以方便卸貨時可以運用重力向下的原理，直接開門倒出。因此，斗車多用來載運散裝貨物，且是由上裝車、由下卸貨。

台鐵斗車係戰後才出現的新車種，局有車輛方面出現有煤斗車（H）、石斗車（BH）與蓬斗車（N），工廠私有自備貨車，則除了煤斗車、石斗車之外，還有水泥斗車（CH）、純鹼斗車（SH）。

❖台鐵煤斗車・石斗車

台鐵線路上在跑的各式斗車中，以煤斗車的歷史最悠久，堪稱斗車之祖。

民國44年（1955年），台鐵北廠首度仿日本煤斗車製造出全鋼製的30H100型。此型車後來在載重噸數上有所更改，1994年全滅報廢於大肚車場時，早已改稱為25H100型。1958年，台鐵又增備了同樣的25H150型煤斗車。1957年時，也添增了30H200型30輛。上述這

三種煤斗車，車長均8.75公尺，比後來的煤斗車都要短了約2公尺。

台鐵的30H200型30H201～30H230號一共30輛，在1982年3月27日被公告更改車籍為石斗車30BH200型的30BH201～30BH230號，使得台鐵的貨車種類，多了一種新族群。

1959年到1969年間，台鐵大量增備了總數超過200輛的35H1000型煤斗車。這批車中，包括以中美基金貸款購料製作的深澳火力電廠用煤運輸所需之60輛（1966年7月25日全數完成），以及以台鐵自籌款購料製造的林口火力電廠運煤所需的70輛（1969年1月9日全數完工）。

1970年，台鐵向台機購進了35H1500型煤斗車；1970年至1971年間，則買進了35H1500型。1971年，台鐵向日本日立購買了70輛的35H20000型。它們在後來有57輛（35H20001～35H20057號）被改造為加蓋的蓬斗車30N22000型（編號30N22001～30N22057號），僅剩下35H20058～35H20070號13輛，繼續維繫著35H20000型的形式稱呼。

30BH213號（報廢待拆）。洪致文／攝

35H1301號。洪致文／攝

1981～1982年間，台鐵又向台機購進了總數118輛的35H21000型煤斗車。其中的30輛於1981年10月23日交貨，另外88輛則在隔年1月20日才給台鐵。

在蒸汽火車早已停用、各礦場也一一關閉的情況下，台鐵煤運輸的最大客戶，就只剩下台電的火力發電廠了。不過，台電近來也覺得，台鐵機班、人力時常不足，以火車運煤不如改用公路卡車接駁船煤要有效率，因此早有逐漸捨棄鐵路運輸的規劃，這實在值得台鐵注意。

※台鐵蓬斗車

台鐵的蓬斗車，是用來專供運輸散裝穀類（如小麥、玉米、黃豆、糖）之貨車。為了避免裝貨後置於太陽下容易吸熱，蓬斗車都塗裝成灰白色，與一般貨車的黑色不同。

台鐵初代的蓬斗車係以世銀貸款於1971年向台機所購進，稱為35N20000型，共只有20輛，於該年10月1日完工交車。1973年4月至5月，台鐵又以世銀貸款買進130輛35N21000型的台機製蓬斗車，編號35N21001～35N21130號。

在35N21000型登場後，到1974年35N23000型出現之間，筆者推測此時正是台鐵1971年向日本日立買的35H20000型煤斗車，被改造為30N22000型蓬斗車的時候。

1974年，100輛的35N23000型（35N23001～35N23100號）登場；1979年6月底，台鐵又向台機買了150輛的增備車（編號35N23101～35N23250號），加入穀物運輸的陣容。直到1989年，台鐵還又買了100輛的35N24000型呢！

※私有自備貨車中的斗車

在台鐵路線上跑的私有自備貨車當中，台泥公司所有的水泥斗車P30CH300型可說是最早出現的自備斗車。該型車第一批8輛，首度於1968年度的統計資料中出現。台鐵一開始想將它編於30H200型煤斗車之後的300型項下，並打算各式斗車就這般一路編下去。可

修理中的35H1522號。洪致文／攝

35H1524號。洪致文／攝

35N21036號。洪致文／攝

35N23218號。洪致文／攝

30N22022號。洪致文／攝

亞泥的P35CH2121號。洪致文／攝

幸福水泥的P35BH2101號。洪致文／攝

力霸水泥的P35CH2012號。洪致文／攝

惜後來水泥斗車不斷有水泥廠增備買進，當初的這個構想就在易混淆的情況下無法再堅持。

台灣的水泥廠中，台泥、亞泥、力霸、信大、幸福、嘉新各廠都有自備水泥斗車；台泥與幸福有石斗車；亞泥則有煤斗車。

至於如今早已形式、車種消滅的純鹼斗車(SH)，則曾有東南鹼業擁有過。它們外形與水泥斗車類似，但塗裝為黑色，用來載純鹼。

台鐵的工程用特殊車輛

在台鐵的非營業用車輛方面，鋼樑吊車與救險吊車是較早有的工程或搶救用特殊車輛。早期，台鐵有以蒸汽車動力的鋼樑吊車存在，不過今天只剩2輛柴油動力，分別為28噸級與30噸級的鋼樑吊車配屬在烏日鋼樑廠。至於救險吊車，除了長期放於彰化的65噸蒸汽大吊車外，還有45噸級、50噸級與65噸級的3輛柴油動力吊車，配屬於高雄、花蓮與七堵調車場。此外，為了廢料的運送，台鐵還有廢料車的在籍。

在養路機械化要求之下，台鐵歷年來亦購進了綜合砸道車（500、501、900、901…等號）、道岔砸道車（902、903…等號）、篩碴車（503、504…等號）、整碴車（502、904、905…等號）與夯碴車（906、907…等號）。

為了能夠高速檢查軌道狀況，購入了綜合軌道檢查車PV6號與EM80號。後者花費2900餘萬新台幣購買，1980年10月進口，隔年4月中啟用，是台鐵當時相

65噸級柴油大吊車在台北機廠中維修的情形。
洪致文／攝

快走中的903號。洪致文／攝

65噸柴油大吊車在吊起R2號。

花蓮的50噸級柴油吊車。 洪致文／攝

30T-A號鋼樑吊車。 洪致文／攝

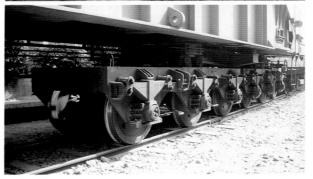

30T-B號鋼樑吊車。 洪致文／攝

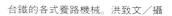

台鐵的各式養路機械。 洪致文／攝

蓬車改造的電車線維修用車。洪致文／攝

PV6綜合軌道檢查車。洪致文／攝

CM01號電力維修車。洪致文／攝

台鐵養路用車輛。洪致文／攝

EM80綜合軌道檢查車。洪致文／攝

軌道淨空檢查車。洪致文／攝

地鐵工程處的各式工程用車。洪致文／攝

南迴鐵路的工程用車。洪致文／攝

當自豪的設備。電影「上行列車」中，有一段它在行駛的片段。

另外，電氣化之後，台鐵亦出現了一些以CM為編號的電力維修車，以及礙子噴洗車之類養護電車線的車輛，亦屬非營業用車的一族。

對於台鐵來說，非營業用的這些火車，會視不同需要、狀況而增備。一些施工單位，像是地鐵工程處、南迴鐵路工程處、東改處……，亦都會為了自身需要，而買進各種千奇百怪的車輛。有些是全新車，有些則是台鐵的二手車來改的呢！

謝　　誌

　　有一次，我和媽媽帶致文去新竹玩，想他生平第一次坐火車，大概會安靜點，誰知一點也不然。他首先發現車上的杯子有大同商標（其實是台鐵的標誌），笑得好開心。接著要玩蓋子，這怎行？吵著要穿鞋子，無奈讓他下去，這下糟了，在走道上走來走去，拉也拉不住。怕他摔倒，他卻不會。隨著車子搖來搖去，全車的人都在看他，害得我和媽媽輪流追趕，真不好意思！後來，看到一個五、六歲小女孩，就叫人家姊姊，兩人玩了一會兒，稍為安靜點。我一次學乖了，心想暫時不敢再帶他坐火車了。

　　——致文的媽媽林洋惠女士，寫於洪致文一歲半之時

　　我媽媽常常說，我們家是個喜歡「留垃圾」的奇怪家庭，所以常有一些老東西陰錯陽差地留著，幾年後也會有「寶藏出土」的快感。當有一天，我媽媽拿著兩張泛黃的「大同工學院考試試卷」給我看時，我真的嚇了一跳，這是一篇題名「我家的小淘氣」，寫於考試卷紙上的文章草稿。我真的無法相信，在二十幾年後的今天，我竟然還找得到我第一次坐火車的「文字紀錄」！真的感謝我媽媽給我的第一次「火車之旅」——雖然她當時說，暫時不敢再帶我坐火車了。

　　其實，我稍微長大了之後，都是爸爸帶我去火車站「看火車」的。我們的足跡踏遍各地，但台北車站、淡水線以及中華路，是給我最深鐵道印象的地方。

　　在鐵道研究的路途上，家人給我的支持是最大的幫助。我的幾位伯父洪祖仁、洪祖恩、洪祖培先生，都留下了許多「關鍵性」的鐵道記錄。我的阿公洪長庚博士，更令我難以想像地留有早年珍貴的鐵道寫真。我想他半個多世紀前拍這些照片時，根本想不到會有個孫子，拿這些相片來寫成書吧！

　　這本書的文章花了我五年多的時間來構思、撰寫，心想當初如果沒有中國時報文化新聞中心副主任湯碧雲小姐的帶領，我是個根本不可能提筆寫作的人。所以對於此書的完成，還是得先感謝她的支持以及鼓勵。當然，中國時報寶島版的同仁對我文章的「容忍」，亦是我很感謝的。

　　不過，這本書得以問世，南天書局魏德文先生的大力支持更是關鍵。我們醞釀此書的期間長達三年多，內文的校對就多達六次；在圖片方面，他更熱心地提供許多珍藏的寫真帖、明信片、地圖……，使得本書有豐富的內容。在慢工細活的製作過程中，南天書局編輯人員所付出的心力亦令人敬佩。

　　至於這幾年來，陪著我到處坐火車、拍火車的「鐵道死黨」，第一個要感謝的就是鄭銘彰。我們從「在山線躲衛兵拍開天隧道」開始，不知一起環島多少次，1996年夏更是瘋狂地到日本花了近八千圓日幣，租了計程車去信越本線橫川、輕井澤段，拍那座像極了台灣舊魚藤坪橋的廢棄紅磚橋。瘋狂的舉動，從台灣直殺到日本。

　　我另一個好友長濱昭彥，他根本就可以假裝是個台灣人。他常來台灣拍火車，我也樂意陪著他去，因此常常意外地有豐富的收獲。不管在台灣或日本，我們拍火車的「觀念相同、看法一致」，所以相約去拍舊型客車、國鐵形車輛時，毫無衝突且玩得盡興。另一博學多聞的高橋晴路先生，則被我們尊為「鐵道博士」。他提供的資料廣泛且豐富，幾乎是每問必答。

　　在本書豐富的圖片收集方面，古仁榮先生的協助自然是居功厥偉；日台鐵路愛好會會長石川一造先生的攝影記錄，不管在日本或台灣，都是解開許多鐵道車輛歷史謎團的關鍵。石川浩稔、石川知明兩兄弟的糖鐵記錄、伊藤一巳先生的礦鐵攝影，杉行夫、森崇

兩位先生的珍貴寫真，也都使本書增色不少。

此外，童振疆在鐵道車輛考證上的幫助，蕭輝煌先生在台鐵機務處長任內熱心提供舊型車輛形式圖，黃威勝在暗房、沖印設備方面的支援，黃智偉在日據時代史料及礦鐵路線上的協助……，都是本書得以完成的功臣。

當然，朱聖隆友一家人的幫忙、賴德湘的鐵道攝影、林政廷「行動派」的追車技術、許乃懿醫師的糖鐵指導，還有蘇敦正、張福堂、楊肇庭、杜怡和、李宏鳴、黃尹春、邱國煌、佐藤雅彥、張定祺、林錫宏、丁榮生、趙建修、張新裕、土井英明、蔡宜儒、張志宏、謝明勳、鄭萬經、徐興發、鄧家琦、李純慧、傅鏡平、劉佳明……等諸位，不管在生活上或鐵道研究路途上，都給我極大的幫忙，均是我衷心感謝的。

最後，我還是要謝謝那些與我們共渡美好歲月的台灣老火車。雖然我知道在時代的進步，以及台鐵那一大批毫無美感的新車引進之後，你們都將被台鐵終結而消失，但我永遠會記得與你們共有的青春歲月。在台鐵線上充滿了通勤電車與推拉式自強號，連輕便鐵道也一一停駛拆除之後，這舊時代的一切，都將成為令人懷念的台灣鐵道印象。但是，我會永遠懷念你們的。

本書完成・特別感謝

台鐵・林務局・台糖・台肥・台電・台泥・中鋼・中油・鐵道文化協會・日台鐵路愛好會・台鐵會・台大火車社・交大鐵道研究會・台灣綜合研究院・吳三連台灣史料基金會・台北縣立文化中心・新竹市立文化中心・國家圖書館・中央圖書館台灣分館・台灣大學研究生圖書館・台灣大學大氣科學系圖書館・台灣大學工學院圖書館

國家圖書館出版品預行編目資料

臺灣鐵道印象／洪致文著. --初版. -- 臺北市：
南天，民87
　　冊；　公分. --（南天影像；1）
參考書目：面
ISBN 957-638-461-3（上冊：精裝）.
-- ISBN 957-638-462-1（上冊：平裝）.
-- ISBN 957-638-463-X（下冊：精裝）.
-- ISBN 957-638-464-8（下冊：平裝）.

1. 鐵路 — 臺灣 — 歷史

557.259　　　　　　　　　　　　　　87000198

南天影像系列 ①
臺灣鐵道印象（上冊）　　精裝720元；平裝600元

出　　版	民國八十七年五月初版一刷發行
著　　者	洪　致　文
發 行 人	魏　德　文
發 行 所	南天書局有限公司
	台北市羅斯福路3段283巷14弄14號
	☎(886-2) 2362-0190　Fax: (886-2) 2362-3834
	郵政劃撥帳號01080538號
登 記 號	局版台業字第1436號
原色製版	名亮彩色製版有限公司
	板橋市中山路2段400號2樓
	☎(02) 2952-5477
原色印刷	皇甫彩藝印刷有限公司
	台北市長泰街297巷14號
	☎(02) 2303-5871

ISBN 957-638-462-1（平裝）
ISBN 957-638-461-3（精裝）